健大高崎式
驚異の走塁術&トレーニング

青栁博文
葛原　毅 著

はじめに

　野球の練習の中ではどうしても、打撃と守備を主眼に置くチームが多いと思います。ただ実際、試合になると走塁の重要度も高くなる。それにもかかわらず練習量が少ないというのは、非常にもったいない気がします。

　実は、私たちも以前は手堅い野球をするチームでした。しかし、"機動破壊"をスローガンとして掲げることによって、最近では一つのチームカラーが生まれ、選手たちが自信を持つようになった。もちろん得点のパターンが増えたことも大きな要因だと思いますが、何よりも走塁だけでなく打撃、守備とすべての面で選手たちが積極的にプレーするようになったと思います。

　走塁練習を重点的に取り組むことでなぜそうなるのかと言うと、やはり躊躇せずにどんどんチャレンジしていく精神が生まれるからでしょう。失敗したことに対して指導者が声を荒げてしまうと、選手たちはどんどん積極性をなくしてしまう。私たちの場合はそうではなく、逆に失敗を恐れて走らないことに対して「何でチャレンジしないんだ」という声を出すようにしています。その意識を徹底的に植え付けることで、選手たちもミスを引きずらないようになる。もちろん、ガンガン走るということはそれなりのリスクもあります。それでも選手たちには「積極的に走ったんだからオッケー、ナイストライ！」といった感覚があるので、また次も積極的に走るようになるんです。

　実際のところで言うと、高校野球のレベルまでは守備にわりとスキが多いもので、走塁は大きく生きると思います。しかし大学、社会人、プロとレベルが上がっていくと、投手のクイックモーションやけん制も速くなるし、捕手のスローイングや野手の守備力も高くなるため、おそらくチャレンジが成功する可能性は低くなる。ただ、大事なのは走塁に対してこだわる意識を持つかどうかです。「このランナーは足がある」とか「スキを見せたらすぐに走ってく

る」と思わせるだけでも、やっぱり相手投手は投げにくいだろうし、野手も守りにくいわけですからね。つまり相手に対していかにプレッシャーを与え、戦いにくい環境を作っていくか。「打者 vs 投手」の1対1ではなく、「打者＋走者 vs 投手」という2対1の三角関係を作ることが大切だと思っています。"機動破壊"を掲げて以降、私たちの走塁は警戒されるようになりました。でも、それは決して悪いことではない。警戒されるということは意識させることができているわけで、そこを利用していけば、逆に相手の心理を乱すことにつながります。

ちなみに、「自分は足が遅いから走れない」と思っている人がいるかもしれませんが、私たちのチームの選手も決して全員が速いわけではありません。重要なのは50㍍走などのタイムではなく、スタートや打球判断の精度。そこは磨くようにしていますし、たとえ足が遅かったとしても、相手にプレッシャーを与えてけん制をもらうと

か、偽走をして警戒させるとか、ディレードスチールでスキを突いていくとか、いろいろな方法がある。「自分は速く走れないけどこの部分で貢献しよう」と考え、全員が何かしらの形で走塁に参加することが重要ですね。と言うか、そもそも相手からすれば、出塁した時点でその走者の足が速いか遅いかなんて、分からないでしょう。そこで「イヤなランナーだな」と思わせることができれば、チーム全員に走力があるように見えてくる。そういう部分は利用できるんですよね。

この本では私たちが走塁の基本として考えていること、そしてそれを実現するためのトレーニングを紹介しています。それを見て、「もっと走塁に取り組んでいこう」と意欲を持っていただけると嬉しいですね。

高崎健康福祉大学高崎高等学校
硬式野球部監督
青栁博文

CONTENTS 目次

002 —— はじめに

009 —— **第1章 打者走者の走塁**

010 —— 機動破壊とは何か

014 —— 打者走者の駆け抜け

020 —— 単打でのオーバーラン

021 —— 長打での走路

026 —— ベース周りのコーナリング

030 —— [半径5メートルの円をグルグル回るコーナリング練習]

031 —— **第2章 一塁走者の走塁**

032 —— 一塁走者のリードの取り方

040 —— 二盗のスタート

048 —— 投手のクセや傾向を盗むポイント

050 —— スライディング

054 —— 帰塁

058 —— ワン・ゴーとワン・バック

062 —— スーパーリード

064 —— 雰囲気出し

066 —— 偽走

068 —— ディレードスチール

072 —— ヒットエンドランのスタート

074 ——— ローボールスタート

075 ——— 一塁走者のタッチアップ

076 ——— [先の塁を狙えそうにないときはベース周りの強弱を
　　　　　使い分けてミスに備える]

---

079 ——— 第3章 　二塁走者の走塁

080 ——— 二塁走者のリードの取り方

082 ——— 三盗のスタート

088 ——— 二塁走者の第2リード

092 ——— ターンスチール

096 ——— 打球判断と本塁へのコース取り

100 ——— [三塁コーチャーは状況に応じて立ち位置を変え、
　　　　　素早く指示を出す]

---

105 ——— 第4章 　三塁走者の走塁

106 ——— 三塁走者のリードの取り方

108 ——— 三塁走者の第2リード

112 ——— スクイズのスタート

114 ——— 偽装スクイズ、スクイズエバース

115 ——— セーフティースクイズ

116 ——— 本塁へのスライディング

120 ——— 三塁走者のタッチアップ

CONTENTS 目次

124 ——— ［走者一、三塁のランダウンプレーなどではスライディングで
タッチを呼び込んで時間をかせぐことも大事］

128 ——— 〈走塁まとめ〉

129 ——— 第5章 **体の使い方を養う
トレーニング**

130 ——— 野球に必要なトレーニングとは

132 ——— バレエスクワット

1番ポジション／2番ポジション／3番ポジション／

5番ポジション／4番ポジション

137 ——— ストレッチ＆強化トレーニング

2点支持／デベロッペ／ヒザ倒し／頸椎ストレッチ／

四つん這い／体幹筋ストレッチ／猫のポーズ／インディアン／

上体倒し／ハムストリングス伸脚／開脚お尻上げ／腹上げ／

仰向け腕立て／アリゲーター体操／アリゲーター歩行／

スネイク／しゃくとり虫

162 ——— マット体操

開脚前転・開脚後転／正座跳び／手打ち跳び／ヒザ歩き／

大回転／バレーボール回転

170 ——— ［3つのボールを持ってダッシュすることで体幹を鍛える］

171 ── 第6章　道具を利用した トレーニング

172 ── 棒体操

バランス／4番スクワット／股割り振り下ろし（1番スクワット）／
股割り振り下ろし（2番スクワット）／棒回し／棒倒し／
足抜き／縄跳び／デベロッペ／バトマン上下／バトマン左右／
座りかかし／立ちかかし／座り足抜き／せり出し／
つま先立ちスクワット

193 ── ハードルメニュー

くぐり抜け／8の字くぐり抜け／ジャンプ＆くぐり抜け／
自転車漕ぎ

199 ── 一列に並んで行うトレーニング

両足跳び／片足跳び／両足打ち／カカト打ち／
半回転ジャンプ（180度）／回転ジャンプ（360度）／
クロスステップ／すり足／3人アヒル歩き／そんきょ跳び立ち／
足裏打ち／足裏股割り／アヒル半回転／手押し車／リヤカー／
補助付きブリッジ／補助付きケンケン／四股

218 ── [低姿勢ダッシュで走る姿勢を作っていく]

220 ── 〈トレーニングまとめ〉

221 ── おわりに

222 ── プロフィール＆写真

写真／ＢＢＭ
デザイン／ライトハウス
　　　　　　（黄川田洋志、井上菜奈美、今泉明香、
　　　　　　　藤本麻衣、田中ひさえ、岡村佳奈）
編集協力／中里浩章

第1章

走塁 1

打者走者の走塁

→ 機動破壊とは何か

走塁の引き出しを広げて スキを突く習慣をつけ、 相手に考えさせて心理的に 自分たちのペースに持ち込む

スローガンに"機動破壊"を掲げて甲子園で活躍したことにより、近年では「健大高崎＝機動力」、「健大高崎＝走塁」というイメージがすっかり定着した。だが勘違いしてほしくないのは、機動力というのは決して走塁のことだけを指して言うわけではなく、状況に応じた鋭い読み、素早い判断力なども含まれるということ。そして、機動力野球を掲げているからと言っても、走塁だけで戦っているわけではないということだ。最大の目的はどんな形でも勝つことであり、それらはあくまでも勝つための手段の一つにすぎない。

たとえば投手の球速やクイックモーションが速く、捕手も強肩でコントロールが良く、送球に移るまでのスピードも速かったら、いくら足が速い走者でも盗塁を決めることはかなり難しいだろう。ただ、そんな中でチャンスがあるとすれば、打者がカ

ウントを追い込まれたとき。ウイニングショットとしてキレのある変化球を持っている投手であれば、ワンバウンドの変化球を選択する可能性が高くなるから、そのタイミングで走れば成功率もより高まる。そういう考え方、発想をするのが健大高崎の機動力野球。もちろん、それでも盗塁が成功しない場合もあるが、走れないのであればそれはそれで仕方ないと割り切っているし、今度は他の部分で勝機を見出せば良い。クイックが速いぶん、球威やコントロールが落ちて打ちやすくなるかもしれないと考えて、ヒッティングでチャンスを広げようとするのも一つの手だ。

具体的なシーンをもう一つ挙げると、無死一塁から走者二塁の状況を作ろうと考えたとき、多くのチームはとにかく確実性を重視して送りバントを選択することが多い。しかし、相手にスキがあるのにもかかわら

ず初球から送りバントをして簡単にアウトカウントを一つ増やすのは、もったいないのではないか。スキがない場合は「走れなくても仕方ない」と思えるが、スキがあって盗塁成功の確率が高いのであれば、走ったほうがいいのではないか。つまり、さまざまな状況に応じて、少しでも勝つ可能性が高まると思える攻め方を選択するのが"機動破壊"の真骨頂。そのためにも走塁にはとことんこだわり、攻め方の引き出しを広げておくことが大事だ。

　もっと言えば、分かりやすい数字としてよく盗塁数ばかりがクローズアップされるが、それが少ないからと言って機動破壊が失敗したというわけではない。最大の目的は、相手に「何か仕掛けてくるかもしれない」とか「イヤな予感がする」、「このチームはスキを見せたらすぐに走ってくる」などと感じさせ、精神的な重圧を与えること。たとえば走者が走るフリ（偽走）を重ねた結果、相手の捕手がスローイングのステップに入ったとする。この時点で捕手は走者を意識しているということになり、さらにベンチからそれを指摘するような声を出していけば相手バッテリーの心理が動いてくる可能性がある。その結果としてボール球が先行すれば、それだけでも効果あり。そ

うやって揺さぶりを掛けることでこちらが攻めやすい心理状況を作り、それを何度も重ねることで攻撃が相手にジワジワと効いてくる。そして、相手には点差以上に「やられた」という印象を与えて、いつの間にかこちらが勝っている。それが"機動破壊"なのだ。走塁において細部にこだわっているのは、そうやって準備しておけば、いざという時にこちらのペースに持ち込むためのきっかけを作れるから。本書で紹介している技術的な部分はあくまでも補助的なものであり、最も重要なことは、考え方の部分で相手よりも精神的優位に立てているかどうか、である。

　では、その考え方を選手たちにどうやって身につけさせるのか。健大高崎には、走者一塁におけるカウント別の攻め方のマニュアル（※P13図1）が存在する。走塁指導においてはそのマニュアルをＡ４用紙にプリントアウトして配布し、まずはそれぞれの頭に叩き込むことから始まる。もちろんこれはあくまでも基本であり、必ずしも実戦でその通りに攻めるとは限らない。ただ、この考え方が頭に入っていれば「今はこのカウントだから相手バッテリーはきっとこういうことを考えているんじゃないか」と感じられるようになるし、カウ

ント別でそれぞれに考えるべきことがあり、2ストライクを取られても「逆に決め球としてボール球になる変化球が多くなるから盗塁のチャンスだ」と思えるので「追い込まれて苦しいな」という感覚にはなりにくい。また一塁走者となってベンチからサインを受けたときに、理解の度合いも変わってくる。たとえばヒットエンドランのサインが出たとして、ただ「じゃあ走らなきゃいけない」と思うのと、「ベンチがそのサインを出すということは、ストレートでストライクを取りに来ると判断しているんだな。じゃあストレートなら、高めになったとしても打者が何とか打ってくれるはず。もし変化球になったら低めに来るだろうし、それなりに秒数も掛かるだろうから自分が頑張って走って二塁セーフにしなきゃいけないな」とまで思えるのとでは、成功率も対応力も変わってくるのだ。

そして健大高崎の指導スタッフが特に大切にしているのは、選手たちが考えて動けているかどうか。走塁においても、選手たちは常に「そういうふうに動いた根拠は何か」を求められている。普段からそうした習慣をつけておけば、たとえ失敗しても反省が次に生きていく。盗塁を試みて失敗したとき、「低めの変化球でワンバウンドが来て打者が三振するかもしれないと思ったので、走ってみたんですけど、カウントを考えるとまだバッテリーに余裕があって、ストレートが来たのですばやく送球されてアウトになってしまいました」といった会話ができる選手になれるかどうか。それが、走塁の技術を上達させるための大きなポイントだろう。

なお、二塁走者の場合は相手バッテリーのクセや傾向を重視し、三塁走者の場合はその場の状況やチームの作戦などによって臨機応変に対処する必要があるため、マニュアルなどは作っていない。それにしてもストライク先行のカウントとボール球先行のカウントでの精神的な優位性は異なるのだが、走者一塁でのマニュアルをもとにした相手心理の考え方ができていれば、そこでも応用は効く。

まずは基本をしっかり身につけ、それをもとにアレンジさせていくことが大事だ。それを踏まえて、次ページからは走塁の基本技術を紹介していこう。

12

カウント （ボールが先）	攻撃の考え方
0−0	甘い球は打ってもいい。難しい球、ボール球は打たない。走塁を活かす際は、1球ぐらい待つ余裕を見せる。セーフティーバントは相手が準備万全で成功しにくい。
1−0	甘い球は打ってもいい。難しい球、ボール球は絶対打たない。走塁で相手を揺さぶる大チャンス。1球目にバントの構えをしていなければ、セーフティーバントもあり。
2−0	走塁を活かすなら絶対打たない。打たずに打者と走者で何かをしかけるスーパーチャンス。
3−0	打者はしっかりとタイミングを持って見送る。走者は何もしない。バントの構えは無意味。
0−1	一番面倒なカウント。甘い球は打つ。ボールには手を出さないように頑張る。走者の見せ場。1−1を何とか作れ。捕手からのけん制が来るので注意。セーフティーバントをするなら送りバントに近いかたちで。
1−1	打つ構えしかしていなければ、セーフティーバントが成功するカウント。ストレートが続いていた場合、変化球を入れたいところなので盗塁もあり。エンドランカウントなので偽装スタートで揺さぶるのも面白い。打者は甘い球をしっかり振る。ボールは絶対打たない。
2−1	1−1と同じ。
3−1	自分は打つ打者なのか（中軸）、待つ打者なのか（2番、下位）を自覚する。待つ打者は偽装スタートとセーフティーバントやバスターを組み合わせて四球にする。
0−2	基本は外に外してくる。捕手からのけん制が来るので注意。3球勝負タイプかどうか前半で見極める必要がある。3球勝負とわかれば盗塁チャンス。
1−2	2ストライクから外に外したら盗塁の大チャンス。打者は低めの変化球を見送れば盗塁成功。3球勝負のバッテリーだと配球がわかりにくい。打者は我慢のカウント。走者は偽装スタートが無難。
2−2	投手が決め球を投げやすいカウント。ワンバウンドも多いので盗塁しやすい。
3−2	足が速い、遅いにかかわらず自動的にランエンドヒット。低めの変化球は三振しても盗塁成立。ストレートなら前に飛ばせ。

図1 走者一塁での攻撃マニュアル

打者走者の駆け抜け

ベースで上半身をしっかり落とし ベースを強く踏んで駆け抜ける

OK 良い駆け抜け方

上半身をしっかり落としてから足を落としていく

NG 悪い駆け抜け方

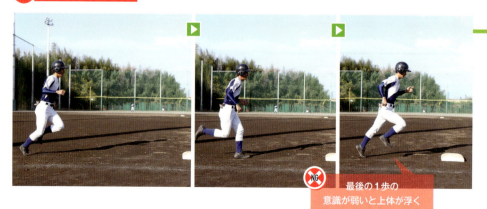

最後の1歩の意識が弱いと上体が浮く

内野ゴロを打った場合、打者走者はセーフを目指して一塁を素早く駆け抜けていくことが求められる。ポイントは「ベース上に到達したらゴール」ではなく、「ベースの先まで走る」という意識。前者では最後の1歩で減速してしまうので、ベースを通過するときにも加速していることが大事だ。

そのためには、最後にベースを強く踏む意識を持つと良い。左右どちらの足で踏んでも構わないのだが、たとえば左足で踏み切って右足でベースを踏むとした場合、最後の右足までしっかり神経を働かせること。走っている選手からすれば全力疾走しているつもりでも、傍からは「左足を蹴ったところで力が抜けている」と見えてしまうときがあるので、注意したいところだ。もう一つ、ポイントとしては陸上短距離のゴールシーンと同じように、ベースを踏む瞬間に上体をグッとしっかり落としていくこと。上下を一体化させて一気にドンと踏むことで、周りへの印象も変わる。イメージとしては、頭と同時に足を下ろすよりも、頭を下ろしてから足を踏むというくらいの感覚がちょうど良い。

OK 上下が一体となってベースを強く踏んでいく

NG ベースを踏んだ時点で少し減速してしまう

→ 打者走者の駆け抜け

ベースを踏んだあとは直線で駆け抜け
小刻みに足踏みをして止まる

OK　駆け抜け後のストップ動作の良い例

OK 直線で駆け抜けながら
小刻みなステップで
速やかに止まる

一塁をできるだけ加速して駆け抜けたあとというのは、内野手からの悪送球(あるいは一塁手や一塁ベースカバーに入った選手の失策)などに備える必要がある。ここで速やかにストップ動作を行い、パッとボールの状況を見ることができれば、スキがあった瞬間に素早く判断して二塁への進塁をつかみ獲る

ことができる。実際に何ｍ以内で止まればいいのかを示すのは難しいが、ポイントは駆け抜けたら小刻みにパパパッと足踏みをしていくこと。そのほうが、駆け抜けた流れでそのまま走りながら減速するよりも止まりやすい。また、パッと振り向いてボールが一塁側ファウルゾーンへ逸れているかどうかを確認

OK 駆け抜けたらすぐにボールの状況を確認

打者走者の駆け抜け

することも必須だが、ベースを踏んだあとでファウルゾーンへ切れ込んでいくのは良くない。そうすると二塁までの距離も長くなってしまうし、一度ダイヤモンドの外側へ移動してからまた内側へ切り返すのにも時間がかかる。したがって、直線に駆け抜けることが大事だ。

なお、実際に二塁へ向かって走るかどうかは、打者走者が自分の目で見て判断することが大事。もちろん一塁ベースコーチも指示を出すのだが、この場合に限らず、基本的にボールが完全に視界に入らないケース以外は走者自身で判断したほうが早い。

NG 駆け抜け後のストップ動作の悪い例

第1章 走塁1：打者走者の走塁

駆け抜け後に
外側へ切れ込んでいく

走ってきた流れのまま
スピードダウン

19

→ 単打でのオーバーラン

何でもかんでも大きく出るのではなく外野手が捕球するタイミングでバッと加速

打球がヒットになった場合、打者走者は一塁を駆け抜けるのではなく、今度はできるだけロスなく回って次塁への進塁を試みることが大事だ。シングルヒットであればオーバーランをして様子をうかがい、打球処理をする外野手や送球を受ける内野手のミス、緩慢なプレーなどに目を光らせる。そして、いざというときにすぐ二塁方向へスタートを切れる体勢であることが望ましい。

実は「ベースを回って大きく出る＝いいオーバーラン」だと思っている人も多いが、勢いよく大きく出ていく動きというのは、選手からすればあらかじめブレーキ動作を頭に入れて行っていることが多い。つまり、「二塁へ走らずに戻る」という前提があるから思い切ってオーバーランを取れるのであって、たとえば実際に外野手が打球処理をミスしていたときにはザザザッと滑って止まる動作に時間を費やしていたた

め、二塁へ進めなかったというケースもよくあるのだ。

したがって、オーバーランの取り方は状況によって変えることが大事。打者走者がベースを踏むよりも前に外野手が捕球してしまっている場合は、オーバーランを大きく取ってもあまり意味がないので、少しスピードを緩めながら一塁を回っていき、外野手が打球を捕るタイミングなどに合わせてバッと加速。守備側にスキがなければ引き返す。そして、打者走者がベースを踏むのと外野手の捕球が同時くらいであれば、加速したまま一塁を回ってオーバーランを取れば良いだろう。

→ 長打での走路

二塁打を狙うときは
一塁まで緩やかにふくらみ
三塁打を狙うときは
一・二塁間でふくらんでいく

　打球が長打になりそうな場合は、その先の走塁もイメージして走ることが重要。たとえばライト線やレフト線の打球というのは、基本的には三塁打にすることがなかなか難しいもの。だから、二塁打を意識して「いかに二塁まで早く到達するか」を考えた走路を取る。具体的には、一塁までやや緩やかにふくらんでいってベースを回りやすくした上で、一塁から二塁へ向かう際はできるだけ最短距離で直線的に走れるようにするのだ。

　一方、右中間や左中間、また外野手の頭を明らかに越えていくような打球の場合は、二塁打になることがほぼ確定し、三塁打を狙えるかどうかという状況。したがって、一塁まではあまりふくらまない。そうするとベースを蹴ったあとにやや外側へふくらんでいくことになり、二塁へ向かうまでは基本的に緩やかにふくらんだ走路となる。そのまま走っていけば二塁を回りやすくなり、二塁から三塁までは最短距離で直線的に走ることができる。

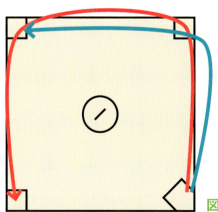
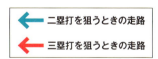

図2　長打を狙う場合の走路

→ 長打での走路

二塁打を狙っていく場合の走り方

本塁から一塁

OK 一塁まで余裕を持って ふくらんでいく

一塁から二塁

OK 一塁まで余裕を持って ふくらんでいく

OK 体をしっかり切り返して 直線で二塁へ

第1章 走塁1：打者走者の走塁

OK 体をしっかり切り返して直線で二塁へ

23

→ 長打での走路

三塁打を狙っていく場合の走り方

本塁から一塁

OK 直線的に走って一塁を回っていく

一塁から二塁

OK 直線的に走って一塁を回っていく

OK ふくらんだところから二塁を回っていく

第1章 走塁1：打者走者の走塁

OK ふくらんだところから二塁を回っていく

→ ベース周りのコーナリング

ベースの角を踏みマウンド側に体重を預けて体を傾ける

　ロスなくダイヤモンドを回るために、コーナーワークの技術は覚えておかなければならない。一般的に言われているように、大切なのはベースの角を踏むこと。ベースの真上を踏むと体を次塁の方向へ切り返しにくくなり、大きくふくらんだ走路になってしまうのだ。踏み方としては一塁ベースを回る場合、ベースの手前側（本塁側）の縁を踏むパターンと、ベースの左側（二塁側）の縁を踏むパターンがある。これは人

[ベースの角の手前左側を踏む]

によって合う、合わないが分かれるもので、ケガをしてしまったら元も子もないのでどちらでもいい。ただ、後者のようにベースの左側を踏むというのは、ベースを回ったあとに強く蹴ってもうひと加速するための高等技術だ。

　また、足を合わせようとして減速したら意味がないので、ベースはどちらの足で踏んでも構わない。ただ、いずれにしてもベースを踏むときの姿勢が重要。体の軸を一直線にキープしたまま、両肩のラインや腰のラインをマウンド方向に下げて体を傾けること。そうすることで外側に働く遠心力を抑え、より鋭く回ることができる。ちなみに、それを意識して顔だけが傾いてしまっている人もいるが、それでは不十分。体重をダイヤモンドの内側にしっかり預けていくことがポイントで、「こけるか、こけないか」というバイクレースのコーナリングをイメージすると良い。

第1章　走塁1…打者走者の走塁

[ベースの角の手前左側の進塁側を踏む]

ベース周りのコーナリング

OK 良いコーナリング

ベースの角を踏み、体の軸を一直線にしたままマウンド側へ倒す

半径5メートルの円をグルグル回るコーナリング練習

　コーナリングの感覚を養うためにオススメなのが、健大高崎がよくウォーミングアップ時に行っているカラーコーン（もしくはマーカー）を使った練習。ベースから5メートル離れた位置にカラーコーン（マーカー）を置き、そこを中心として半径5メートルの円を描く。そして、その円周を5周ほどグルグル回りながら、途中にあるベースの角を踏んでいくのだ。

　大切なのは「倒れてもいい」というくらい体を傾けることで、最初のうちは円の中心を目で見ながら走るようにすると回りやすくなる。人間は目で見ている方向に自然と体が動いていくものだからだ。また、外に振られないようにするためにも、内側に体を引っ張られているような意識を持つことも大事。カラーコーンを立てて行う場合は、そこからヒモで自分のベルトをつながれているような意識を持つと良いだろう。そして慣れてきたら、円の半径を3.5メートルに縮めていく。

第2章

走塁2

一塁走者の走塁

→ 一塁走者のリードの取り方

リード幅の基準は少なくとも
ベースから右足までが4メートル30

　健大高崎の場合、一塁走者のリード幅は通常よりも大きめに設定している。リードを小さく取るということは「けん制でアウトにならないように」という意識が強いということであり、なかなか積極的な走塁ができない。ならば、リードを大きく取ることを基本として「次の塁を獲るんだ」という意識を高めていくほうがいい、という考え方だ。数字上の目安としては、ベースから右足の位置までが少なくとも4メートル30センチ。これを基準として、あとは人それぞれでプラスαを取っていく。

　なお、走者一塁や一、三塁では一塁手がベースに着いており、素早くけん制することも考えられるため4メートル30センチが基準。一方で走者一、二塁や満塁のケースでは、守備側からすれば一塁走者を釘付けにすることよりもヒットゾーンを狭めることを重視するので、一塁手は基本的にベースから離れている。また、二塁が埋まっていて二盗を考える必要もないため、リードをさらに大きめに取って二塁までの距離を縮めておき、内野ゴロでの併殺阻止を意識することが望ましい。

左投手の場合は大きめにリード
遠近感を利用して重圧もかける

　リードの距離は投手によって変えることも大切。4㍍30㌢というのは通常の右投手の場合の基準であり、あとはけん制やクイックモーションの速さなどによって1足ぶんずつの単位で微調整をすることが必要だ。左投手の場合は基本的に素早いけん制がないため、さらに大きく出ることができる。しかも左投手というのは一塁走者が視界に入るもの。したがって、一塁走者は通常であれば二塁へ最短距離で到達するために一、二塁を結んだライン上にリードを取るのだが、あえて後方にリードを取るのも良い。そうすることで遠近感が生まれ、直線的にリードを取ったときよりも幅が大きく感じるのだ。ただし、これは二盗が困難な場合に相手投手へプレッシャーを与えるための技術。基本的には二盗を狙ったほうがいいので、やはりライン上にリードを取ることが基本となる。

→ 一塁走者のリードの取り方

股関節にハマった感覚で構え
右手はヒザから外して右足を半歩引く

　構えの姿勢として理想的なのは、股関節に骨盤がハマった感覚で体重をしっかり乗せていること。よく「低く構えろ」と言われるが、それによってヒザに体重が掛かったり、また頭を下げようとして猫背になったりするとスムーズに動けない。いい構えができているかどうかは、誰かにベルトの下あたりを押してもらってみると良い。股関節にしっかりハマっていれば少し押されても動かないが、ヒザに力が入っている場合は押されたときにグラグラしてしまう。これでは当然、力強いスタートを切ること

OK リード時の良い構え方

正面から

OK 片手を外して構え 股関節に体重を乗せる

横から

OK 右足を半歩引いておけばヒザを抜きやすい

ができないし、走り出した瞬間に上体が浮いてブレやすくなるだろう。

また、健大高崎のスタイルとしては右足を半歩ほど引いている。これは次の塁へ体を向けやすくするための工夫。「そうすると帰塁が難しくなる」と思われるかもしれないが、この構えを統一した上で帰塁の練習もして慣れればいいだけの話であり、それよりも「次の塁をできるだけ獲りやすく」というメリットを重視しているのだ。そして、スタート時には右ヒザをフッと抜いて1歩目を切っていくため、構えの段階であらかじめ右手はヒザから外しておく。両手をつけておくとヒザが硬くなりやすいし、逆に両手を外しても上体が浮きやすい。なお、構えたときのバランスとしては左右の足に均等に体重が掛かって、両足の内側に力が入っている状態であれば左右どちらにでも動きやすい。

NG リード時の悪い構え方

正面から

NG 両手を外して構えるとバランスが崩れやすい

横から

NG 猫背になりヒザに力が入る

35

→ 一塁走者のリードの取り方

左足は体の後ろへ回していき
けん制に対応しながら素早く出る

左足を後ろへ回して
体の面を一塁方向へ向ける

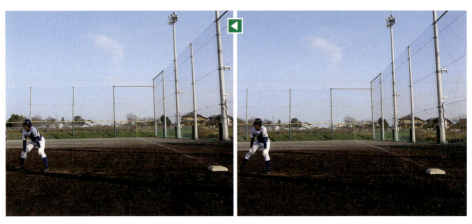

リードを取るときの注意点はまだある。左足を前でクロスさせながら出ていくと体の面が完全に二塁方向を向いてしまい、パッとけん制球を投げられたときにベースへ戻るのが遅れてしまう。したがって、左足は体の後ろへ回しながら出ていくこと。また、投手が捕手のサインを見ている段階やセットポジションに入ろうとする直前などにパッと軸足をプレートから外してけん制するケースもあるので、投手を見ながら出ていくタイミングを計ることも重要だ。

さらに健大高崎の場合は通常の投球時だけでなく、けん制球が1度来ただけでもサインが変わることが

OK 左足を後ろへ回して体の面を一塁方向へ向ける

OK 良いリードの出方

一塁走者のリードの取り方

ある。そのため、常に打者と走者はベンチを見てサインの確認を行わなければならず、それが終わってからリードをゆっくりと取っていたら投手のセットポジションに間に合わせることができない。だから、基本的にはパパパッとスムーズに出ていくことが大事。そのためには普段からベースを見なくても一定のリードが取れるように、歩幅の感覚を染みつかせておく必要がある。そして、打者としてはサインをできるだけ長めに見るなど、走者が十分にリードを取るための時間を作っていくことが重要だ。

NG 左足を前でクロスさせて体の面を二塁方向へ向ける

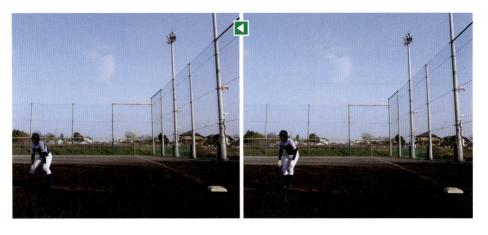

悪いリード の出方

左足を前でクロスさせて体の面を二塁方向へ向ける

左足を前でクロスさせて体の面を二塁方向へ向ける

→ 二盗のスタート

素早くスタートするためには
最初の3歩でいかに土をつかめるか

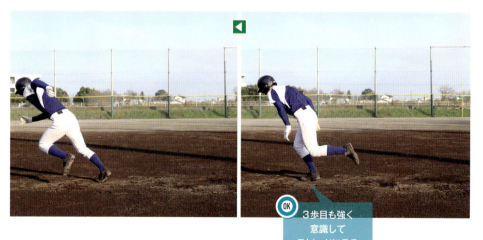

盗塁のスタートは読みと駆け引きが重要になってくる、というのが健大高崎の考え方だが、実技の面でポイントとしているのは最初の3歩。どれだけ加速できるかというのは、このときの力強さによってある程度決まってくる。最初の3歩で体を力強く押し出していくことができれば、あとはその流れのまま走ればスピードに乗ることができるのだ。

もっと細かく言うと、大事なのはまず1歩目の右足でどれだけ土をつかむことができるか。健大高崎の場合はもともと右足を半歩引いて構えているが、1歩目は右足のヒザをフッと抜いて体を二塁方向へしっかり切り替えていく。ここでグッと蹴っていくことにより、上半身が押し出されて爆発的なスタートになる。それと同時に、2歩目の左足をしっか

OK 二盗の良いスタート（本塁側から）

OK 右ヒザをフッと抜いていくイメージ

OK 左足をしっかりクロスさせて2歩目も力強く

→ 二盗のスタート

りクロスさせていく意識も大切。足が本塁側に外回りするとロスにつながってしまうので、進行方向へグッと出していくこと。左足にゴムチューブを巻いて練習するのも良いだろう。

そして、加速していくときの姿勢。いい姿勢をキープするためには体幹の強さも必要となり、頭からつま先からまでが斜めに串刺しになった状態が理想だ。スタートを切った瞬間に明らかに上体が起き上がったり、逆に低い姿勢を意識して頭が前に突っ込んでしまうのはＮＧ。体の軸がブレて走り方が不安定に

OK 頭からつま先までが一直線で串刺しにされた形

OK 1歩目の右足でしっかり土をつかむ

42

なるし、足もしっかり回らず、加速もしにくい。正しい姿勢を覚えるためには、とにかく反復練習で感覚をつかむこと。まずは斜めに倒れるような姿勢を作っておいて誰かに支えてもらい、その場で足踏みをする。その後、支えを外してもらって走っていく、という練習などを重ねていこう。また、スタートとスライディングの間の中間疾走では、体の軸がブレないように走ること。最初の3歩が決まってそれがしっかりできていれば、1歩ずつ歩幅が伸びていく。

OK 二盗の良いスタート（二塁側から）

右ヒザをフッと抜いていくイメージ

OK 3歩目も強く意識してスピードに乗る

OK 左足をしっかりクロスさせて2歩目も力強く

➡ 二盗のスタート

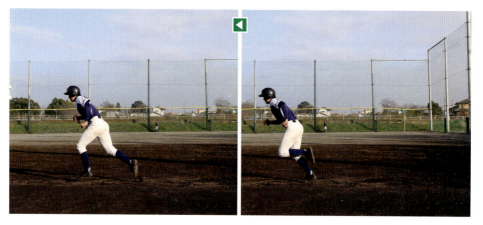

第2章 走塁2：一塁走者の走塁

→ 二盗のスタート

頭が前に突っ込んで体の軸が折れてしまう

足がスムーズに回らず加速が不十分

第2章 走塁2：一塁走者の走塁

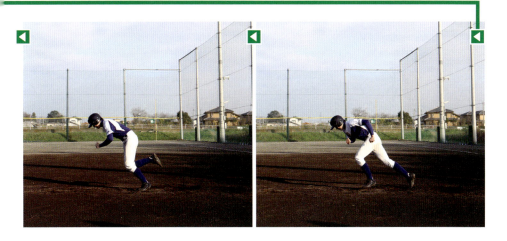

→ 投手のクセや傾向を盗むポイント

投球時にどこから 動き始めるのかを観察 けん制や配球の傾向なども大事

当たり前のことだが、盗塁を試みる際は投手のクセや傾向を見て、より成功する確率が高いと思われるタイミングで走るのが理想。投手によってクセの種類はさまざまだが、ポイントは本塁へ投球するときにどこから動き始めるか、だ。足なのか腰なのか、肩なのか頭なのかを把握し、投球動作を何度もジーッと観察してクセに気付いておけば、少しでも早めにスタートを切ることができる。

ここで注意してほしいのは、「こうなったらけん制」というクセを探るのではないということ。たとえそれが分かったところでスタートは切りにくいし、目的は盗塁なので、「こうなったら本塁へ投げる」というクセを探すほうがいい。そして、「そのクセが出ていないときはすべてけん制」と考えてベースへ戻る。もちろん、そのタイミングでけん制が来ない可能性もあるが、だからと言って盗塁を仕掛けたところで思い切ったスタートは切れないので成功率は低い。

クセの表れ方としては、たとえば右投手でセットポジションでは少し前足を開いて

おいて、投球モーションに入るときに必ず前肩をグッと後ろに入れてから投げるタイプ。この場合は、肩の動きに注目していれば違いが分かりやすい。あるいは一度、軸足でポンと足踏みしてから前足を上げていくタイプ。この場合は軸足の動きに注目だ。また、「早く投げたい」という気持ちから、あらかじめ腰が本塁方向へ流れてしまうタイプもいる。それならば腰を見ていればいいし、左投手の場合は首の使い方にクセが表れることが多い。ただ実際のところ、本塁へ投げるか、けん制をするかというのは、盗塁の上手い選手であれば投手の背中の雰囲気で分かるという。そうした感性もまた大事だろう。

さて、盗塁を成功させるための根拠は、投手の動きのクセだけではない。一塁走者であれば当然、捕手のサインも見えることがあるので、それを参考にして変化球のタイミングで走ることも大事（ただし、それを他の人に伝達するのはNG）。もちろん、配球の傾向として「ここは決め球で変化球だろうから走る」と考えるのも良い。

また、けん制の回数などにも傾向がよく

表れる。たとえばけん制を連続で行わないタイプの投手であれば、けん制を1球もらったら次はほとんどの確率で本塁へ投げるわけだから、思い切ってスタート。「2球は続けても3球は続けない」という傾向がある投手なら、けん制を2球もらうようにして、その次にスタート。3回も4回もけん制をしてくるタイプもいるが、投手心理としてはけん制を何度も続けていると自分のリズムが乱れるという感覚もあるだろうし、その後にさらにけん制を入れるということは考えにくい。したがって、「それでもけん制が来たら仕方ない」と割り切って、けん制をたくさんもらった後には仕掛けると決める。そうした駆け引きも、盗塁の成功率を上げるための大事な要素だ。

▲投手を観察して、投球動作がどこから始まるのか、どういうクセが出たら本塁へ投げるのかを把握しておこう

→ スライディング

50センチ以内に収めることを目指しヒザから下で滑っていく

OK ヒザから下で短く滑っていく

OK 素早くベースに入って、ヒザをクッションにして立ち上がる

次の塁を獲るためには、スライディングも大きなポイントになる。理想はできるだけベースの近くで滑って、摩擦を減らしていくこと。そのためには地面にお尻を着けるのではなく、ヒザから下で滑ることが大事。そうすることで減速を最小限に抑えてパッと素早くベースに入り込むことができ、さらにヒザをクッションにしてすぐ立ち上がることができる。体を横向きにして立ったまま滑っていくイメージに近く、その状態から片足を曲げただけ、という感覚だ。基準として目指してほしいのは、滑る距離を50㌢以内にすること。ただ、ベースのギリギリ近くまで走りすぎるのも危険で、スライディングが詰まってヒザや足首のケガにつながってしまう。したがって、踏み切りは少し遠くなってしまっても構

OK 良いスライディング

OK ヒザから下で短く滑っていく

→ スライディング

わない。大事なのは、実際に滑る距離、ヒザから先が地面と接している時間をいかに縮められるかだ。

なお、スライディング後のことも考えれば左足を曲げて右足を伸ばすほうが良いが、どうしても左足を伸ばすスライディングしかできないという場合は、無理に強制しなくてもいい。と言うのも選手のクセというのはなかなか直せないものだし、ケガをしたら意味がない。また体への負担も考えると、スライディング練習はそう何本も続けられるものではないだろう。だからこそ、練習するときはいかに1本ず

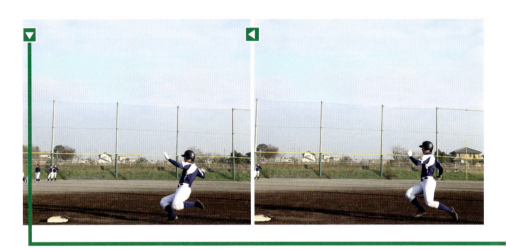

NG 摩擦が大きいため、鋭いスライディングにならない

つ意識を高く持てるかが勝負。ケガのリスクを減らすために最初は移動ベースで行ったり、体育館や砂場で滑る感覚を養うのがオススメだ。

NG 悪いスライディング

NG お尻を地面に着けた形で滑っていく

帰塁

右足をしっかりクロスさせて左足で強く踏み切れば距離を稼げる

OK 帰塁時の良いスライディング

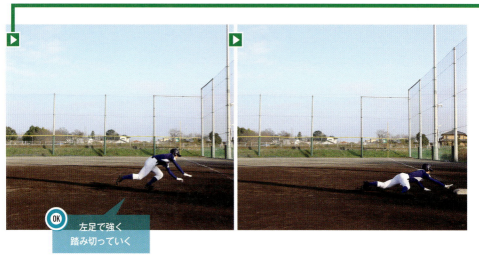

OK 左足で強く踏み切っていく

健大高崎では一般的なものよりも大きくリードを取っているが、それは距離を延ばしてもしっかり帰塁できるから。戻るスピードを速くするコツは、右足の蹴りだ。まずは左足を一塁方向へ向けたら、今度は右足を体の前でしっかりクロス。そして着地したら強く蹴っていき、次の左足で強く蹴って踏み切り、ヘッドスライディングをする。「戻る」というよりは「左方向にスタートを切る」という感覚を持つと、鋭いスライディングになる。地面には腰から下が着くようになり、勢いが良いときはベースが腰の位置あたりまで来る。一方、良くないのは左足、右足で踏み切ってしまうこと。そうなると勢いが弱

OK 右足をしっかりクロスして蹴る

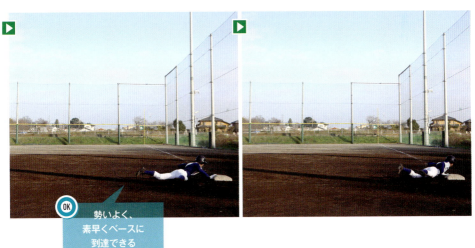

OK 勢いよく、素早くベースに到達できる

帰塁

く、地面に胸が着くような形でベースにギリギリ到達することになる。これではブレーキをかける時間が長く、距離を稼ぐことができない。

また、一塁手のタッチから逃れやすいようにするためには、右手でベースの遠くを触ること。さらに、指のケガを防ぐためにも土手の部分でベースを触りにいくこと、走塁時は常に革の手袋（軍手でも可）を身につけることも徹底してもらいたい。

❌ 帰塁時の悪いスライディング

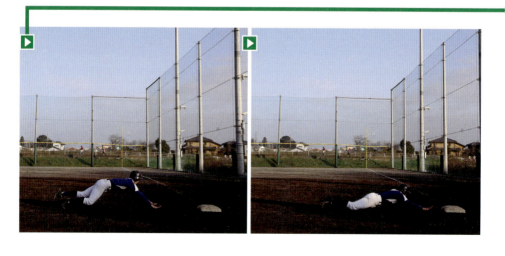

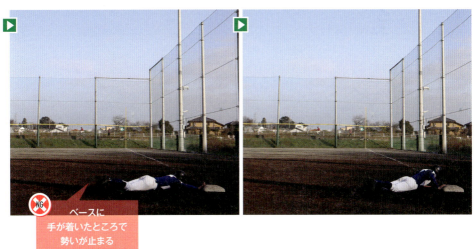

57

→ ワン・ゴーとワン・バック

確率論からけん制はないと決めつけ投手が動いたらスタートする「ワン・ゴー」

　盗塁を決めるためには思い切りが大事。それを踏まえて48ページでは投手のクセなどについて説明したが、健大高崎がそれ以上に重視しているのはやはり駆け引きの部分だ。けん制やクイックモーションの種類は投手によって違うので、すべてに対応させるのはなかなか難しいが、どんなにアレンジされたけん制やクイックモーションをされようと「行く」と決めているときはスタートを切り（ワン・ゴー）、「戻る」と決めているときは帰塁する（ワン・バック）。問題はどのタイミングで走るか。そう割り切っておけば、思い切って1歩目を切ることができる。

　投手が動いた瞬間にスタートを切る作戦を、健大高崎では「ワン・ゴー」と呼んでいる。基本的に左投手のときに使うことが多いが、それは左投手のけん制が素早くないこと、またけん制をするかしないか、あらかじめ決めてマウンドに立っていることが多いからだ。「本塁へ投げる」と決めている投手というのは、いくら足を上げた瞬間に走者が動いたからと言って、一塁けん制へ切り替えることは難しい。もちろん、完全に「けん制がない」と割り切ったときは右投手のときも仕掛ける。これが成功するかどうかは、データなどを基にしたベンチ（あるいは選手）の読みによる部分が大きい。あくまでも「盗塁しやすい状況である」という確率の問題であり、ピッチドアウトで外されたり、けん制をされてしまったときは「仕方ない」と割り切っている。

ワン・ゴーの動き方

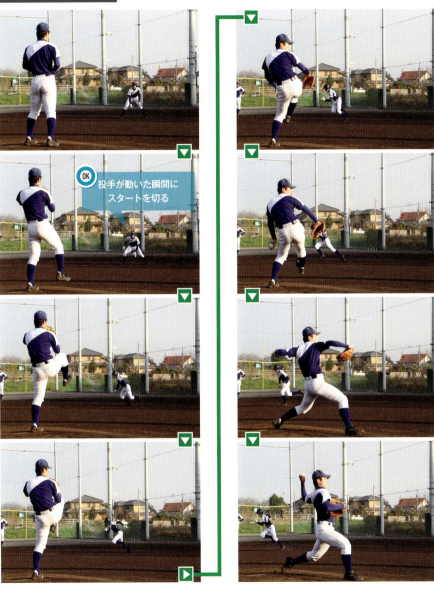

OK 投手が動いた瞬間にスタートを切る

ワン・ゴーとワン・バック

大きなリードを取って常に帰塁しバッテリーを揺さぶる「ワン・バック」

　ワン・ゴーに対して、投手が動いた瞬間に帰塁する作戦を「ワン・バック」と呼ぶ。これは基本的に次ページの「スーパーリード」と組み合わせ、左投手のときに使うことが多い。視界に入っているにもかかわらず、あらかじめ大きくリードを取っておくことで、左投手に重圧を掛ける。もちろん、投球だろうがけん制だろうが最初から帰塁することを前提としているので、投手がいくら警戒して素早いけん制をしたとしても、アウトにはならない。そうやって走者を意識させ、精神的に優位に立つのが目的だ。

　健大高崎の場合は「スーパーリード」からそのままスタートを切ることもあるので、無警戒というわけにもいかない。これをバッテリーが気にしてくれれば、ボール球で外したり、クイックモーションを速くして球威が落ちたりと、打者にとって有利な状況になっていく可能性がある。なお、本塁への投球になった場合にはいったん戻ってから第2リードでシャッフルをする形になる。そうすると通常の第2リードよりも小さくなるが、これは仕方ないと割り切っている。そもそも第2リードを大きく取ったところで、内野ゴロであれば二塁で封殺される可能性が高い。ヒットが出て三塁へ進める確率は低くなるが、それを犠牲にしてでも盗塁を仕掛けること、あるいはバッテリーを揺さぶることを優先したほうがいい、と考えているのだ。

ワン・バックの動き方

OK 投手が動いた瞬間にバックする

→ スーパーリード

けん制や偽投などに
気をつけながら5メートル50センチ以上の
大きなリードを取る

通常よりもかなり大きなリードを取り、相手バッテリーに重圧を与えるのが「スーパーリード」だ。投手のけん制の速さや上手さなどによって出られる距離は変わってくるが、基準としては5メートル50センチ以上。特に大きいときには、7〜8メートルほど出ることもある。スーパーリードを取るときに難しいのは、どのタイミングで出ていけばいいのか。そもそも普通にリードを取っていたらその位置まで辿り着かないので、最初からベースを少し離れて距離を稼いでおかなければならない。そして、けん制をもらったとしたら、一塁手が投手に投げ返した瞬間にはまたすぐ出ていく必要がある。したがって、素早いけん制や偽投、隠し球などには注意したい。スーパーリードの応用

としては二死一・三塁で打撃による得点が期待できないとき、なおかつ一塁走者が盗塁をしてもノーマークになりそうなときに、三塁走者がスーパーリード＋ワン・ゴーを行い、投手がけん制をしてきたらそのままホームイン。投球だったらすぐに止まって帰塁する、という作戦なども有効。

ちなみに、スーパーリード＋1メートルの「スーパー・スーパー」も存在する。これはわざとけん制するように促して、動いた瞬間にスタートを切って二塁を陥れる作戦。ただし、あまりにも大きく出すぎると、冷静な投手であればマウンドを下りてきて帰塁したところを送球されてしまうので、気をつけなければならない。

[通常のリード]

[スーパーリード]

→ 雰囲気出し

重心を微妙にコントロールして相手バッテリーにフェイントをかける

リード時の構えは左右均等に体重をかけていくのが基本だが、頭の中で「走る」と決めているときは「右足：左足」が「100：0」、「戻る」と決めているときは「0：100」になる。それはあくまでも頭の中での話であって、本来はそれを相手バッテリーに悟られてはならない。ただし、逆にそれを利用してフェイントをかけていく作戦もある。健大高崎では「雰囲気出し」と呼ばれている。

これも相手の心理を揺さぶっていくのが大きな目的だが、あからさまなフェイントをかけていくと「どうせ走らないだろう」と思われてしまうので注意。感覚としては盗塁やヒットエンドランのサインが出ているつもりで、スタートが待ち切れないというのを想定すると良い。ただし、走りそうな雰囲気を強調するあまり、本当に体重を二塁方向へすべて乗せてしまったら、けん制でアウトになってしまう。ポイントは股関節の内側に体重を残しながら、二塁方向へ1歩出ていきそうな動作を見せること。その動きを身につけられれば、あとはジワジワと右ヒザに重心を移動したり、体を上下に少し動かしてみたりと、さまざまなアレンジが可能になる。

雰囲気出しのパターン１

体を上下に揺らして、1歩目が待ち切れない様子を演じる

雰囲気出しのパターン２

ヒザに重心を移動させていき、やや前のめり気味で走るつもりだと悟ってもらう

→ 偽走

捕手が目を切るまで走るフリを続け
走ったと思わせて警戒心をあおる

　左投手の場合は一塁走者が視界に入るため「雰囲気出し」の効果も大きいが、右投手の場合はそもそも意識してもらえない可能性もある。そんな場合などに有効なのが偽走。投手が本塁に投げた瞬間に走るフリをすることで、相手バッテリーを揺さぶっていく作戦だ。

　偽走で大事になるのが、本当に走ったと思わせること。雰囲気出しと同様にただのフリでは「どうせ

偽走の動き方

走らない」と思われてしまうため、つま先を二塁方向へ向けて、体の面もしっかり正対させることが大切だ。また、捕手もギリギリまで走者の動きを見ているため、走るフリをするのはスタートしてから捕手が目を切るまで。つまり、それまでは二塁へ向かって走っている姿勢を保つ必要があり、現実的に言うと少なくとも5歩は走らなければならない。実際に「走った」と思わせることができれば、捕手は二塁送球の準備に入る。結果的にボールを投げなかったとしても、足のステップをさせることができれば十分。そうすることで「次も何か仕掛けてくるかもしれない」という警戒心を与えることができ、攻撃のペースに持ち込みやすい。また、その後も偽走を続けていって相手が集中力を切らしたところで本当に盗塁を仕掛ければ、成功率も高まるだろう。

なお、言うまでもないが捕手からのけん制でアウトになっては意味がないので、素早く戻ることは必須。つま先を二塁へ向けているぶん、切り返しが苦しくなるため、1歩で180度方向を転換する練習は必要となる。

少なくとも5歩は走る

→ ディレードスチール

第2リードのようにシャッフルで出て バッテリーの油断を誘って 一気にスタート

OK 通常の第2リードのように シャッフルで出ていく

投球モーションと同時にシャッフルをして通常の第2リードだと思わせ、相手の油断を誘ったところでスタートを切ってまんまと次塁を陥れるのがディレードスチール。健大高崎では主に2つのパターンを基本としている。

まず、通常のディレードスチールはシャッフル2回。投球動作に合わせてポン、ポンとステップし、パッとスタートに切り替える。タイミングとしては「ボールが打者を通過するときにスタート」とよく言われるが、それは基本的に左打者のときに仕掛けることがセオリーだから。ボールが左打者を通過しているときというのは捕手から一塁走者の状況を見ることが難しく、スタートしたことに気付くのが遅れるし、最初のうちは「第2リードを取っている」

通常のディレードスチールのステップ

OK　投球がマウンドと本塁の中間あたりに来たらスタート

69

→ ディレードスチール

と思っているから、スローイングのステップの準備もできていない。そして送球したとしても、焦りからコントロールがブレやすいのだ。ただ、走者がその感覚でスタートを切ろうとすると、実際には少し遅くなる。だから、投球がマウンドと本塁の中間あたりに差しかかったところでスタートするくらいのイメージがちょうど良いだろう。

もう一つのディレードスチールもシャッフルを2回行うのは変わらないが、両手を大きく使って斜め45度にポーンと高く跳ぶスタイル。これは第2リードの距離をできるだけ大きくかせぐための工夫で、そもそもディレードスチールを警戒していない捕手にとって大事なのは、投手が動いた瞬間に走っているのか、それとも第2リードを取っているのか。第2リードの取り方までは注目していないことが多いのだ。ちなみに、この方法は今や群馬県内では有名

両手を使って斜め45度に大きくジャンプ

2回目のシャッフルにタイミングを合わせてスタート

になってしまったが、バレたところで今度は逆にこのステップをしながら走らない、というフェイントを掛けることもできる。

　ディレードスチールを仕掛けるタイミングとしては、やはり相手がフッと気を抜いた瞬間が有効だ。たとえば接戦の均衡が破れた直後などで仕掛ければ、相手の集中力をさらに削ることができる。成功するためのポイントは、シャッフルのときにどれだけ距離を稼げるか。応用としては、シャッフル1回やシャッフル3回で行うのも良いだろう。具体例を挙げると、たとえば走者一、三塁で一塁走者が3ステップのディレードスチールを行う。このとき捕手は二塁へ送球しようとするが、二遊間は3ステップしている間に「盗塁ではない」と判断して打球に備えようとするため、二塁ベースに入るのが遅れるのだ。

歩幅の大きなディレードスチールのステップ

ヒットエンドランのスタート

盗塁のスタートと同じ感覚で走り打者のインパクトに合わせて顔を向ける

ヒットエンドランを仕掛けるときも、健大高崎では基本的に走者が盗塁と同じ意識を持っている。「打者が打つだろうから」といった考え方は一切せず、空振りになった場合やボール球になった場合はそのまま走ってセーフになることを求めている。したがって、素早く加速するためにもスタート時はしっかり目を切って体を進塁方向へ切り替え、打者のインパクトに合わせてパッと顔を向けるスタイル。最初から打者のほうを見続けながらスタートするという選択肢もあるが、それだと鋭いスタートが切れなくなってしまう。

また、基本的にはヒットが出たときに一つ先の塁を獲ってチャンスを広げるための作戦なので、ライナーだからといって戻ることは基本的に考えない。ただ一塁走者の場合、ショートライナーとサードライナーに関しては、アウトになることが分かっていても帰塁する。一塁に送球するまでの距離がそれなりに長いため、一生懸命に戻れば野手も焦って悪送球をする可能性があるからだ。逆にセカンドライナーやファーストライナーは一塁までの距離が近いため、帰塁したところで悪送球も望めない。それならばライナーを弾く可能性を重視して、思い切って進んでいくほうがいい。

ヒットエンドランのスタート

→ ローボールスタート

投球がハーフバウンドの軌道になったらその瞬間にスタートを切っていく

　盗塁は「変化球を投げる」と想定されるケースで仕掛けたほうが、成功率は高くなる。健大高崎ではそれを踏まえて、投球の軌道を見て低めにワンバウンドする変化球だと分かった時点でスタートを切る「ローボールスタート」も染み込ませている。低めのワンバウンドというのは捕手も捕りにくく、そこからスムーズに送球することも難しい。したがって、盗塁より若干スタートを遅らせたとしても、走ればセーフになる確率が高いのだ。ただし、捕手の技量を見ておくことも必須。高校生レベルの場合、捕手は基本的にショートバウンドを捕球する練習を積んでいるため、ワンバウンドだからと言って走るとアウトになるケースも少なくない。だから、基本的には「ハーフ

バウンド・ゴー」。ハーフバウンドであればかなり早い段階で変化してボール球になるため、見極めやすい。また、捕手からしても非常に捕りにくい。それと、中にはワンバウンドした瞬間、体で止めにいくタイプの捕手もいるので、その場合はショートバウンドでも走って構わないだろう。

　なお、走者二塁での振り逃げのケースなどでは、こんなプレーが考えられる。ハーフバウンドならもちろん、三塁への進塁を狙う。そして、ショートバウンドの場合は大きく出ておきながら様子を見る。捕手はこちらをチラッと見てくるだろうが、走る雰囲気がないと分かればすぐ一塁送球へと切り替える。ここで目を切った瞬間にスタートを切れば、やはり三塁へ進塁できる。

→ 一塁走者のタッチアップ

外野手の追い方などを見ていれば後方への大きなフライで進塁できることも

タッチアップと言うと二塁走者や三塁走者が行うプレーのようなイメージが強いが、一塁走者も外野フライでタッチアップを行うケースがある。頭に入れておきたいのは外野手後方への大きなフライで落下点に入りそうなとき、あるいは余裕がありながらランニングキャッチをしそうなとき。ここでハーフウェイを取っている走者が多いのだが、距離も十分にあるし、外野手もタッチアップに備えた送球をしてくるわけではないので、実は二塁へのタッチアップを狙う価値がある。

タッチアップに備えるか、それともハーフウェイを取るかという判断は、普段の練習などで養っていくことが大事。打球を見ながら走ってしまう人もよくいるが、いつまでも見ていると判断が遅れてしまう。打球が外野へ飛んだ場合は、野手の動き、打球の追い方などをしっかり見ること。そして打球が飛びだしたときのスピードや角度、途中の軌道なども踏まえて「あの辺に飛んでこうなるだろうな」というイメージが湧いているかどうか。もちろん、あらかじめ外野手の守備位置を確認することも必須だ。また、走者一、三塁で定位置付近の外野フライが飛んだ場合、三塁走者の本塁生還を助けるために一塁走者がタッチアップを試みるケースもあるので、それも頭に入れておきたい。

先の塁を狙えそうにないときは
ベース周りの強弱を
使い分けてミスに備える

打者走者のオーバーラン（※20ページ）でも説明したように、打球によってはベース周りで強弱をつけた走塁をすることも重要だ。たとえば走者一塁でヒットエンドランを仕掛けたものの、レフト正面のヒットになった場合。これではいくらスタートが良くても、三塁へ進むことは難しい。それ

ベース周りの強弱のつけ方

ならば、二塁手前でスピードをあえて緩めておいて打球と野手の状況を確認し、レフトが捕球するタイミングに合わせてまた加速しながらベースを回っていく。そして、守備側にミスが生まれるようであればそのまま三塁へ進み、きっちり処理した場合は速やかに二塁へ戻る。こういう走塁をしたほうが、チャンスは広がるだろう。またヒットエンドランを仕掛けていなかったとしても、明らかに外野手の正面の打球が飛んだケースなどはやはり、強弱を使う場面。全力で走ったところで先の塁には進むことができないので、スキが生まれたときにすぐ加速できる準備をしておく。

ただし、これはあくまでも基準であり、たとえば弾丸ライナーのヒットが飛んだ場合などは打球も速ければ外野手の捕球も早く、ずっと加速したまま走ってもちょうどいいタイミングになる。P76、77の写真は、センターあるいはレフトが左中間寄りの位置で捕球したという想定。練習のうちから自分でしっかり打球を見て、全力で走り続けるのか、それともあえて緩めるのか判断する習慣をつけておこう。

第3章

走塁 3

二塁走者の走塁

二塁走者のリードの取り方

リード幅の基準は5メートル程度
無死、一死はライン上、
二死は2メートル後方で構える

　二塁走者のリードは一塁走者よりも少し大きめ。基準としては、ベースから右足まで5メートルほどの距離を目安としている。なぜ大きく出るのかというと、二塁けん制というのは一塁けん制と比べて頻度が低いものであり、しかもあまり練習を積んでいないため上手い投手が少ないから。また、投手のけん制と二塁に入る二遊間の動きをまったく同じタイミングで合わせるのは高い技術を要するもので、基本的には二遊間が先にベースに入って構えていることのほうが多く、分かりやすいことが多いのだ。そして実戦ではもちろん、投手の技量や二遊間とのコンビネーションを見て微調整することも大切だろう。

　構えの姿勢としては、一般的にはヒザを軽く曲げた程度で立った姿勢を取るチームが多いが、健大高崎では三盗も重視しているため一塁走者とまったく同じ。右足を半歩ほど引いて三塁側へ少し開いておき、左手をヒザに置いて右手を外す。また、捕手のサインを確認している際にパッと回転するなど、素早いけん制をしてくる投手もいる。したがって、やはりリードを取るときはスムーズにパパッと出ていくことが重要だ。

　さらに立ち位置。無死や一死の場合は最短で三塁へ向かうことを重視し、二、三塁

[二塁走者のリード幅と構え]

を結んだライン上にリードを取る。一方、二死の場合は2㍍後方。打者が打った瞬間にスタートを切ることができるので、ヒット1本でいかに本塁へ生還するかを考え、三塁をスムーズに回りやすいようにあらかじめふくらんでおく。もちろん無死や一死でもヒット1本で生還できればいいのだが、二死のように思い切ってスタートを切れる

わけではないし、それでも本塁へ生還できる打球というのはそもそも三塁の回り方どうこうで差が出るわけではない。また、無理せず三塁でストップしたとしても、無死や一死で一、三塁の状況が作れれば得点パターンは豊富。本塁へ生還できなかったからと言って、決して状況が不利になるわけではないのだ。

[無死あるいは一死のケース]

二塁と三塁を結んだライン

[二死のケース]

二塁と三塁を結んだライン

→ 三盗のスタート

首の動きやけん制の傾向などを踏まえて割り切りのもとでスタートを切る

三盗を決めるためには明らかな投手のクセ、傾向をつかんでおく必要がある。投手によってその種類はさまざまだが、代表的なものとして3パターンを紹介しておこう。

1つ目はセットポジションに入ったあと、首を1度だけ動かして二塁方向を見てからパッと投げる投手。ここで「二塁方向を見るだけで、けん制はせずにすぐ本塁へ投げる」ということを悟ることができた場合には、本塁へ向き直った瞬間にスタートを切る。投球動作というのは本来、体が動き出したとこ

ろが始まりだと解釈するものだが、こうした傾向が出ている投手に対しては、首の動きも投球モーションの一部という感覚で考えると良い。首を動かすことも一連の流れになっているため、前を向いたときに周りの野手から「走った！」という声が掛かったとしても、パッと外すことができないのだ。また、無理に外そうとしてもリズムが悪いぶん、ボークになる可能性も高い。なお、首を動かす回数を1回と2回で使い分ける投手もいるが、その場合は2回目に合わせておく。

三盗のパターン1

OK 投手が首を動かして本塁へ向き直った瞬間にスタート

三盗のスタート

　一方で首を1度だけ動かしながら、本塁へ向き直ってからもボールを持つ時間が少し長い投手もいる。二塁方向を見て、捕手を見て、時間を掛けてから「よし！」と気持ちを入れて初めて投球動作に入っていくタイプ。この場合は本塁へ向き直った瞬間にスタートをしてしまうと、周りの声に反応して軸足をプレートから外してしまう。したがって、本塁へ向き直った瞬間にまずシャッフルを行っていき、そこから時間差でスタートを切る。これが2つ目のパターンだ。内野手が声を出す際に大事なのは、走者

投手が本塁を向いたらシャッフルで距離をかせぐ

が走ったかどうか。「走った！」という声は出しても「シャッフル！」などとわざわざ言うことは少ないため、距離をかせぐことができるのだ。
　3つ目は逆回りけん制をしないタイプの投手、あるいはそれをしてこないタイミングだと考えられると

きに行う足上げスタート。文字通り、投手が足を上げた瞬間にスタートを切っていくのだが、もし逆回りけん制をしてきたのであれば、そこは読みを間違えたから仕方ないということで割り切る。実際のところ、相手の意表を突いて逆回りけん制で二塁走者

三盗のパターン2

OK スタート

→ 三盗のスタート

を刺せる技術を持っている投手は、そうはいない。また逆回りけん制というのは、足を上げた瞬間の走者の1歩目や打者のグリップの動きなどの反応を見て、どんな作戦を取ってくるのか確認したいというときに行うことが多いもの。そもそも二塁けん制自体、一般的に一塁けん制と比べて回数は格段に落ちるので、けん制を1度入れたら2度は続けないタイプなのか、それとも2度続けるタイプなのかといった傾向さえ感じ取ることができれば、あとは「このタイミングでけん制はない」という決めつけのもと

OK 逆回りけん制はないと割り切って投手が足を動かした瞬間にスタート

でスタートしてもそれなりの成功率を残せる。
　また、応用としてはディレードスチールも有効。最初に大きくシャッフルすることで三塁手に「走っていない」と思わせ、三塁手が本塁へ目を向けた瞬間にスタートを切る。さらに打者はセーフティバントを試みようと構え、三塁手を2〜3歩ほど前に出させて空振り。こうすると三塁手がベースカバーに入るのが遅れ、三盗を成功させることができる。

三盗のパターン3

→ 二塁走者の第2リード

第2リードの距離は9メートルが理想
右足に重心が掛かる瞬間と
打者のインパクトが同時

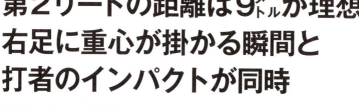

左足をクロスして
距離をかせぐ

体をそのまま
三塁方向へ向けて
スタートを切る

一塁走者は基本的に走ることを前提としているため、健大高崎ではあまり第2リードを重視していない。ただ、二塁走者となると話は別。さまざまな打球によって進むか戻るか、あるいは止まって様子を見るかなど、瞬時に判断して動かなければならない。第2リードの基本はシャッフルだが、写真のように1歩目は左足でクロスさせる。第2リードの距離として「9㍍まで出る」という目安があり、走る動作を入れることによって大きくかせげるという理由からだ。そこからポーンと横にステップし、打者のインパクトにタイミングを合わせていく。ポイントとしては左足が着地して、右足に重心が掛かってい

第2リードから素早くスタート

OK 右足へ重心を移動させようとするタイミングにインパクトを合わせる

OK シャッフルで9㍍まで出る

➡ 二塁走者の第２リード

こうとする瞬間にちょうどインパクトを迎えるのが理想。左足が着いた瞬間にインパクト、というタイミングだと一瞬スタートを切るのが遅くなってしまうのだ。そしてゴロ、ライナー、フライ、見逃し、空振り、暴投や捕逸などの結果に応じて、三塁へ走るか二塁へ戻るかをすぐ判断。基本的には右足のつま先を三塁方向へ向けているので、走る場合はそのまま勢い良くスタート。帰塁する場合は右足でグッと踏ん張り、体の方向を180度切り替えていく。

OK 左足をクロスして距離をかせぐ

OK シャッフルで9メートルまで出る

第3章 走塁3：二塁走者の走塁

第2リードから素早く帰塁

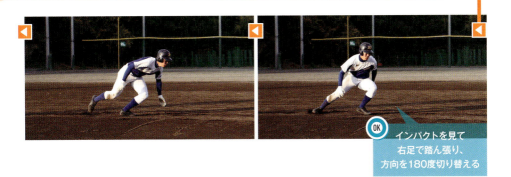

OK インパクトを見て
右足で踏ん張り、
方向を180度切り替える

91

→ ターンスチール

打者と走者で
送りバントの失敗を演じ
捕手の送球間に三塁へ進む

走者二塁で送りバントを失敗し、二塁走者が飛び出してしまったというケースを演出した上で、三塁を陥れようとする技術が「ターンスチール」だ。二塁走者はシャッフルで大きく第2リードの距離をかせぎ、打者のバントが空振りや見送りになったときにはパパッとスタートを切る。そこからすぐにブレーキを掛けて一瞬だけ二塁へ戻るフリを見せ、捕手に二塁への送球を促したらすぐに三塁方向へ走っていく。いかに走者のボーンヘッドだと思わせるかどうかが大事で、飛び出るタイミング、あわてて帰塁するフリの見せ方などが非常に難しい。

少しでもタイミングがズレると捕手は「投げても間に合わない」と思って送球しない可能性もあるし、そもそも目配りがあまりできていない捕手の場合はパッと気付かないケースもある。どちらかと言えば、肩の強さに自信があってスキのない捕手、常に走者を刺していこうという姿勢を持っている捕手のときに使うほうがいい。

なお、打者はセーフティーバントの構えを見せ、ストライクゾーンなら空振り、ボール球なら見送り。何もないのに走者が飛び出るのはわざとらしいので、バントの失敗もよりリアルに見せることが大切だ。

ターンスチールを仕掛けるタイミング

→ ターンスチール

OK スタートを切って飛び出たと思わせる

ターンスチールでの走者の動き

OK 右足で踏ん張りあわてて帰塁するフリを見せる

OK スタートを切って飛び出たと思わせる

OK すぐに方向を切り替えて三塁へ走る

第3章 走塁3::二塁走者の走塁

95

→ 打球判断と本塁へのコース取り

無死や一死ではゴロ・ゴーで直線的に 二死では二、三塁のラインと 平行に走る

OK 二死二塁からのコース取りの良いパターン

OK 二、三塁を結んだラインと平行に走る

OK ふくらんだ位置から三塁をスムーズに回って本塁へ直線的に向かう

無死や一死の場合は三塁への最短距離でリードを取るため、スタートを切ったらまずは三塁へ真っすぐ向かっていく。打球判断の基準だが、健大高崎の場合は基本的にゴロ・ゴー。ただし、三ゴロであればストップして、三塁手が一塁へ送球している間に三塁へ進む。また投手の正面へのゴロのときはそのまま飛び出して、できるだけ三塁に近い位置へ移動しながらあえて挟殺プレーに持ち込む。その後は何とか粘って、打者走者を二塁まで進塁させる時間を稼ぐこと。そうすれば挟殺プレーの間に守備側のミスが生まれるかもしれないし、元通りに走者二塁の状態を作ることもできる。普通に一塁へ送球されるのをただ見ているよりも、こちらのほうが良いという考え方だ。また、チーム作りの初期段階ではライ

打球判断と本塁へのコース取り

ナーで戻ることを頭に入れないようにする。と言うのも、最初からそれを意識してしまうとなかなか積極的な走塁を仕掛ける習慣がつかない。積極性を持たせるためには、まずは暴走気味でもいいから「前へ行く」という意識を持つことが大切なのだ。

さて、二死の場合はヒット1本で本塁へ生還する走塁が強く求められるため、リードはあらかじめ2㍍後方に取っている。これを利用しなければ意味がないので、スタートを切ったら二、三塁を結んだラインと平行に走っていき、ふくらんだところから三塁

NG 二死二塁からのコース取りの悪いパターン

NG 三塁へ向かって直線的に走っていく

を回っていく。練習では三塁の2㍍後ろにコーンを1つ置いて、そこを目指して走るようにすると良い。せっかく後ろにリードを取っているのに、ベースへ向かって直線的に走っていく人がいるが、それでは結局、ベースを踏んだあとにふくらんでしまうので意味がない。なお、ベースの角を踏んで体をしっかり倒し、内側へ引っ張られている意識で回っていくのはコーナリングの基本だ。

NG スムーズに回り切れず
ベースを踏んだあとで
ふくらんでしまう

三塁コーチャーは状況に応じて立ち位置を変え、素早く指示を出す

［走者なし、一死または二死二塁の立ち位置］

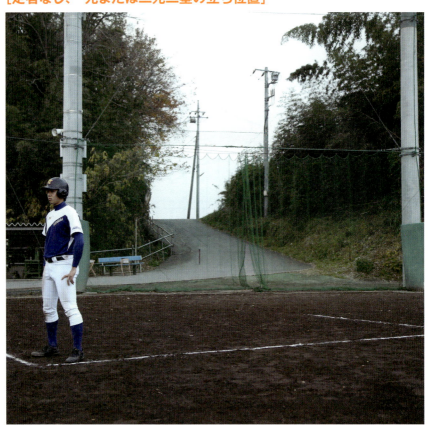

走塁においては、ベースコーチの役割も重要。特に三塁コーチャーは、走者の視界からは分かりにくいプレーなどが行われているときに一瞬で判断してどう動くかの指示を与えなければならず、責任は重大だ。

基本としてはまず、コーチャーの立ち位置を使い分けること。走者なしの場合はできるだけ本塁寄り（右端）に立ち、打者に指示や声掛けなどをして落ち着いてプレーするように促す。また、投手の動きをジッと見てクセを感じ取ることも大切。前もってデータなどがある場合は、それが当てはまるのかどうかなどを検証する。ベンチから見ているときと実際にグラウンドで見たときでは、感覚が違うときがあるのだ。

走者一塁のときはまずレフト寄り（左

[走者一塁、無死二塁、走者三塁の立ち位置]

端）に立つ。一塁走者は投手をジッと見ているので、その視界に入るようにしてリードの大きさなどを指示するためだ。そして、ヒット1本で一塁走者が三塁を目指して走ってくるときには、コーチャーがちょうど走者の視界の正面に来るので非常に見やすい。同様の意味合いで、無死二塁でもレフト寄り。走者にはとにかく最短で三塁を目指してほしいので、スライディングやベースストップなどの指示を出す。話を戻して、走者一塁から長打になりそうな打球が飛んだ場合は、本塁寄りへ動いていく。三塁手前でふくらんでくる走者から見やすいように寄り、そのまま回るかオーバーランを取るか、などの指示を出す。

走者三塁の場合は走者のできるだけ近くで指示を出すため、最初はレフト寄りにいて走者の動きとともに右へ動いていく。ただ、捕手からの素早いけん制が来ることもあるので、投手からのけん制は走者の判断に任せてコーチャーは早めに捕手を見る。また、一死二塁や二死二塁のときは三塁を回ったときのことを考え、本塁寄りに立つ。ただし、盗塁のサインが出ていれば投球モーションに入った瞬間に左側にスッと寄って、走者の正面に入っていく。さらに、たとえば三遊間の

ゴロをショートがダイビングで捕ったとした場合などは、左側へ勢い良く出ていってベースストップさせる、といった判断も必要だ。

こうやって考えると、コーチャーの適性としては野球をしっかり理解していること、頭を回転させて一瞬の判断ができること、オーバーアクションをしっかりできること、バッテリーの心理を読めることなどが大切。また応用として、健大高崎では両手を真横に広げた状態で上下に揺らす「シャッフル」の指示などもあり、そこから左右にヒジを曲げ伸ばしすると「行け」という指示になる。これはたとえば走者一塁からのヒットエンドランが決まり、三塁が悠々セーフになったとして、外野手が三塁への送球を最初からあきらめているケース。ここで内野手にフワッとボールを返したり、周りから「持ってこい！」という声が出て内野手がボールを内野まで持っていこうとした場合、シャッフルの指示からスタートに切り替えると、通常のように腕をグルグル回すわけではないので気付かれずにそのまま本塁へ行ける。こうしたプレーにも三塁コーチャーの目配りが求められるだけに、誰を置くかというのはとても重要だろう。

三塁コーチャーの指示のバリエーション

オーバーラン

ベースストップ

スライディング

ゴー

シャッフル

ゴー（シャッフルからの）

第4章

走塁4

三塁走者の走塁

三塁走者のリードの取り方

最初から三塁線上ギリギリに立ち本塁生還への最短距離を意識する

　三塁走者のリードの取り方は、人によって考え方が違う。健大高崎の場合はできるだけ三塁線上に沿うようにし、打球が当たってもアウトにならないようにファウルゾーンのギリギリの位置に立つ。より本塁へ生還しやすいように最短距離を取りたい、というのが大きな理由だ。また、打者が投球を見送ったときは捕手からの送球に備えてすぐ戻らなければならない。このときもライン上にいれば最短で戻れるし、捕手か

OK 三塁線に沿って直線上にリードを取る

ら見ると走者とベースカバーに入る三塁手が重なるので、投げにくさを生むことにもつながる。もちろん、最初は三塁から斜め後方にリードを取り、投球モーションに合わせてライン寄りへ切れ込んでいくという方法もあるのだが、最初から最短距離にいたほうがムダは少ない。

構え方としては突っ立った状態でもいいのだが、リラックスできているのであれば基本的には一塁走者や二塁走者のときと同じ。そしてリード幅は右投手であっても左投手であっても変わらない。これは、いくらリードを取ったところでホームスチールを成功することは難しいし、「三塁走者はゴロ・ゴー」という基本の概念があるため。むしろ最初のリードを大きく取ってしまうと、第2リードで大きく出ることができなくなる。勢い良くスタートへ切り替えるためにも、第2リードのシャッフルを重視しているのだ。

⚠ 三塁から斜め後方にリードを取る

→ 三塁走者の第2リード

フェンシングのイメージで半身になり
シャッフル2回で
インパクトに合わせる

第2リードのシャッフルからスタート

OK 顔とつま先を本塁へ向けてインパクトに合わせる

OK 右足への重心移動と同時にスタートを切る

三塁走者の第2リードはとても重要。投手が足を上げて本塁側へステップするタイミングでシャッフルしていき、二塁走者のときと同様、左足が着いて右足へ重心が移動する瞬間に打者のインパクトを合わせる。そして、右足が着地したらすぐにスタートを切るか、もしくは体を切り返して帰塁。タイミングを合わせるためには、シャッフルを2ステップにするのがちょうど良いだろう。

感覚としては、フェンシングをイメージすると分かりやすい。半身になってシャッフルしながらも、顔と右足のつま先は完全に本塁へ向ける。そうすることで、「ゴー」という判断を下したときに素早くスタートを切ることができるのだ。また、帰塁する場合は着地した右足でしっかり踏ん張って、体を180度切り返すこと。捕手に送球させにくくするためには、少しラインの内側に切れ込んでいくくらいの感覚が良い。

目の動きも大切だ。最初は投手の動きを見る。そして、本塁へ投げることが分かった瞬間にパッと打者のほうへ視線を切り替えること。投げた瞬間に

OK フェンシングのイメージで半身に出ていく

→ 三塁走者の第2リード

ボールを追ってしまう人がいるかもしれないが、それではインパクトに素早く反応できないし、捕手が送球をしようとする動作に入っているかどうかも分からない。捕手と打者を見ておいて、ボールがあとから視野に入ってくるような感覚が必要だ。

ちなみに健大高崎では基本的にゴロ・ゴーを狙っているが、やはり状況に応じた打球判断は求められる。たとえば一般的な考え方で言うと、無死三塁であれば無理せずにゴロは転がることを確認してからゴー、ライナーはバック。一方で一死三塁の場合は果敢にゴロ・ゴーを狙うが、内野の守備位置が深いときなど、状況によってはゴロを確認してからスタートするケースもある。また無死一・三塁はゴロ・ゴーが基本。ただし、正面の投ゴロや一ゴロ、三ゴロは明らかにアウトのタイミングになる可能性が高く、そうなったら三本間で挟まれることも頭に入れておかなければならない。単純にアウトになって走者一・二塁が残ってしまうのではなく、何とか粘って後ろの走者の進塁する時間をかせいで一、三塁や二、三塁を作っていくのだ。もちろん、二塁封殺か

第2リードのシャッフルから帰塁

OK 重心移動と同時に右足で踏ん張って体を切り返す

らのゲッツーを狙いに来ればそのまま本塁へ突っ込む。二遊間は中間守備を取るので、そこで生還するのは当たり前。確実にホームインできる基準としては、3秒2以内という数字を設定している。

また、走者三塁で思い切ってスタートを切ったときにライナーになってしまった場合だが、ファーストやセカンドへのライナーであれば、アウトになることが分かっていても悪送球に期待して帰塁する。ただサードやショートへのライナーだと距離が近く、戻ったところでほぼ確実にアウトなので、ライナーを弾くほうに期待してゴー。さらに応用のケースで言うと、一死一、三塁の三塁走者はファーストやセカンドへのライナーでも帰塁せずに突っ込んでいく。と言うのも、守備側は一塁走者の飛び出しを見てアウトにしようとすることが多く、ボールを確実に持って行こうとしている間に三塁走者が先にホームインしていれば、第三アウトの置き換え（ルールブック参照）で得点が認められるかもしれないのだ。もちろん、守備側が気付かずに攻撃へ移ってアピールする権利を放棄すれば、の話ではあるが。

OK フェンシングのイメージで半身に出ていく

OK ライン内側へ切れ込みながら直線的にベースへ戻る

→ スクイズのスタート

投手が前足を本塁側へステップさせけん制がないと判断できたらスタート

　当然のことだが、スクイズは「バッテリーはストライクを取りにいきたいだろうな」と感じるカウントで仕掛けるのが定石。ピッチドアウトで外されてしまったら成功率は低くなるので、とんでもないところにボールが外れた次とか、変化球をたたきつけてワンバウンドが行った次とか、ボークや暴投、捕逸で三塁へ進んだ直後とか、とにかく打者に気が回っていないときが良いタイミングだろう。また打者としては肩のラインとバットのラインを平行に合わせ、やや高めのボール球ゾーンに構えることも大切。ストライクゾーンに構えていると高めのボール球でフライになりやすいので、「上から下に」というイメー

スクイズのスタートを切るタイミング

ジを持つと良い。そして万が一、大きく外されてしまったときは前の手を伸ばして片手でバント。この場合は、とにかくボールに当てることが大切だ。あとはメンタル面。サインが出た瞬間に「うわぁ」と思って不安になったり、迷いが生まれたりすると厳しい。

そして、状況を理解していなければならないのは走者も同じだ。三塁走者は投手の前足が出ていく瞬間、「けん制がない」と判断できるタイミングでスタートを切る。これが早すぎるとバッテリーに悟られて大きく外されてしまうし、遅すぎるとせっかくバントしてもアウトになってしまうので注意。ただ、左投手であれば足を上げた瞬間にスタートできるし（偽投が禁止されているため）、右投手は左投手の一

塁けん制ほど緻密に三塁けん制を練習していないものなので、いずれにしても惑わされずに思い切ってスタートを切れるだろう。なお、打球がフライになった場合はすぐ帰塁するが、ワンバウンドならばそのまま突っ込む。捕手が完ぺきに処理するのは難しく、タッチが遅れる可能性もあるからだ。

応用として、二、三塁または満塁での2ランスクイズという作戦もある。相手が前進守備を敷いているときならば二塁走者も大きくリードを取れるため、決まれば一気に2点を取れる可能性もある。さらに大きく外されたとしても、2人が重なって本塁へ突っ込んでいき、一方が右、もう一方が左へスライディングしていけば、最低でも1点は取れる。

OK 前足を本塁側へステップさせたら一気に加速

113

→ 偽装スクイズ・スクイズエバース

打者はバントの構え、三塁走者が走るフリ スクイズだと思わせて有利な展開を作る

偽装スクイズという作戦がある。たとえば走者一、三塁から二、三塁を確実に作りたいとき、一塁走者の盗塁と同時に三塁走者が走るフリを見せ、打者がバントの構えからわざと空振りをして、スクイズだと思わせる。そうやって三塁走者に注意を引きつけ、一塁走者の進塁を助けるのだ。これはスクイズ失敗に信憑性があるかどうかが重要。相手バッテリーが気にしているのは走者が走っているかどうかなので、三塁走者はどうすれば全力で走ったところからパッと戻れるかを練習しておく必要がある。走っている姿がよりリアルであれば、バッテリーはボール球で外してくることもあるし、三塁手が「走った！」と声を出すこともあるだろう。もちろん、捕手からの送球で三塁走者がアウトになってしまったら意味がない。

また、これを応用したスクイズ・エバースという作戦もある。三塁走者がいる状況で打者がバントの構えを見せ、三塁走者が走るフリ。そうやってスクイズをにおわせ、相手に警戒心を抱かせてボール球をかせいでいくのだ。こちらはさらに、打者と三塁走者の演技力が求められる。投手が動いた瞬間にバントの構えを見せてしまうとわざとらしく、逆に遅すぎたらボール球で外すこともないので、むしろ普通にスクイズをしたほうがいい。ポイントは通常のスクイズよりもわずかに早く構えることで、相手に「スクイズだ」と思わせて外させるだけの絶妙なタイミングでなければならない。これは、とっさの判断で外せる技量を持ったバッテリーに対する作戦であり、うまくハマれば捕手が捕球後にスローイングの形を取る。相手に警戒させることができれば、それだけでも十分に効果がある。

→ セーフティースクイズ

走者一、三塁は一塁側、走者三塁は三塁側が基本ただし無理にやろうとはせず、転がすコースは柔軟に

走者が三塁にいる場合、セーフティースクイズを行うチームも多い。打者がバントであえてボテボテのゴロをいいコースへ転がし、三塁走者が本塁へ生還しやすいようにするのだ。仕掛けるポイントとして大事なのは、相手の一塁手の守備力。一般的に一塁手を打撃力重視で選んでいるチームも多く、細かい足さばきやダッシュ力などがないのであれば、一塁側バントさえできれば成功率がグッと高まる。

考え方としては、走者一、三塁の場合は一塁側へバントするのが基本。一塁手はけん制に備えてベースに就くため、本塁方向へのダッシュが遅れるからだ。逆に言えば、守備側としてセーフティースクイズを防ぐためには一塁手のダッシュ力が不可欠と言

える。一方、走者三塁の場合は三塁側へ転がす。これは一塁手がダッシュしてくるのに対し、三塁手はベースを空けるわけにいかず、やはり本塁方向へのダッシュが少し遅れるからだ。あとは右打者のインコース（左打者のアウトコース）に投げられた場合もまた、三塁側へ転がしていく。無理に一塁側へバントしようとして失敗するよりは、より確実に三塁側へ転がすほうがいい。そして、三塁走者はシャッフルである程度の距離を出ておいて、三塁手が打球を処理して一塁へ投げるタイミングを見計らって本塁へ突っ込む。最初のうちは「このバントではスタートできないな」とあきらめたフリをしておくのが良いだろう。

115

➡ 本塁へのスライディング

ベース上から滑るイメージで
フックスライディング
タイミングによっては左右に動いて
タッチを避ける

ベース上から加速してフックスライディング

OK 本塁の先にあるものを蹴飛ばすイメージ

本塁へのスライディングは2種類。1つは本塁の先にカラーコーンを置いておき、それを蹴飛ばしていくイメージで行うフックスライディング。それによって最後までスピードを落とさず、勢い良く滑ることができる。そもそも本塁というのは止まる必要がないもので、そこに合わせようとして減速したらもったいない。捕手のタッチがあるからスライディングをするというだけの話であり、基本的には駆け抜ける感覚で良い。だから、ベース上からスライディングが始まるようなイメージ。本塁の手前でさらに加速している感覚があるぶん、ケガのリスクもあるように思われるが、現在はルールとして捕手も走路を空けていなければならないので、慣れれば恐さも減っていく。

もう1つは捕手の動きに合わせ、体を左右に動かしてタッチを避けるスライディング。写真はヘッ

ベース上から加速するつもりで踏み切る

➡ 本塁へのスライディング

スライディングになっているが、ケガのリスクを考えたらフックスライディングのほうが望ましい。ただ、利き足を矯正するというのはなかなか難しく、むしろ変な滑り方をすることでケガをしてしまう可能性もあるので、無理に両足ともフックスライディングをできるようにしなくても良い。こちらのスライディングでは体のバランスが大事。送球を見て内側に切れ込むか、外側へ回り込むかを瞬時に判断し、上体を横に反らしてタッチを避けていく。

回り込んでタッチを避けてスライディング

OK 捕手の位置を見て内か外へ回り込む

第4章 走塁4：三塁走者の走塁

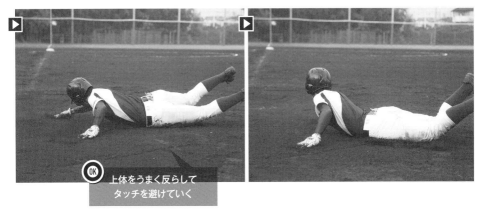

OK 上体をうまく反らして
タッチを避けていく

119

→ 三塁走者のタッチアップ

通常は野手の捕球と同時に一気に加速
シャッフルから
スタートに切り替えるのも有効

通常のタッチアップのスタート

OK ベースを踏んで捕球を待つ

タッチアップは通常、フライが上がったら体を切り返して戻り、左足でベースを踏んで待つ。そして、野手が捕球するのと同時にスタートを切っていかに加速できるかがポイントとなる。三塁走者の場合はそのチャンスが多く、外野フライだけでなく内野手の後方フライなどでもスキを突く可能性がある。

もう1つ、健大高崎が見逃さないのは外野の定位置よりも浅いフライで、明らかに外野手が落下地点に入っているケース。この場合はタッチアップに行けないのだが、それならば「このフライを落とす選手はいない」という決めつけのもと、ハーフウェイを取る。そして捕球のタイミングに合わせてリタッチできるように三塁へ戻り、シャッフルでポンポンと出ていく。ベースに就いてからすぐに走る動作を見せてしまうと、守備側からは「走った！」という声が出るし、外野手もすぐに内野手へボールを返すだろう。だがシャッフルであれば、安心してフワッと返すか、もしくは「持って来い！」という声に合

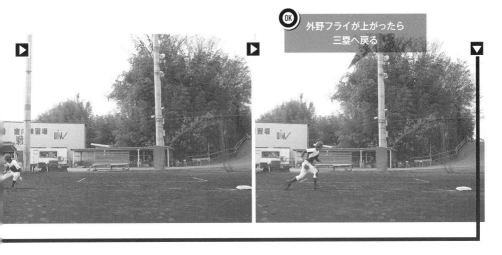

OK 外野フライが上がったら三塁へ戻る

OK 捕球と同時にベースを蹴ってスタート

→ 三塁走者のタッチアップ

わせて何歩か走ってくることもある。この瞬間にシャッフルからパッとスタートに切り替え、相手守備はバタバタしている間に本塁を陥れるのだ。このプレーは二塁走者においても有効。外野手というのは近すぎる距離をビシッと返すのに慣れていないことが多く、中継プレーが緩慢になりやすい。そのスキも逃さない。

浅いフライでのタッチアップのスタート

OK 捕球したらシャッフルでポン、ポンと出ていく

第4章 走塁4：三塁走者の走塁

OK 捕球とリタッチが合うように三塁へ戻る

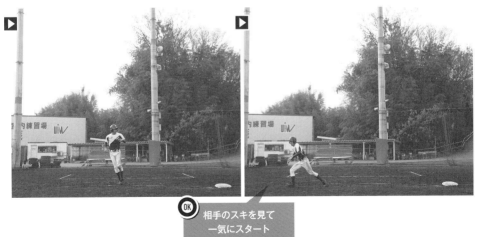

OK 相手のスキを見て一気にスタート

走者一、三塁の
ランダウンプレーなどでは
スライディングでタッチを呼び込んで
時間をかせぐことも大事

ランダウンプレーにおける粘り方

目を合わせながら
ゆっくり引きつける

進行方向へ進もうとしたら
逆方向へすぐに切り返す

走者が塁間に挟まれた場合は、ランダウンプレーになる。走者が単独のケース、あるいは二死のケースではとにかくアウトにならないように粘るしかないのだが、複数走者であっても後ろの走者を進塁させるなどの役割があるため、やはり時間をかせぐことが大事だ。ランダウンプレーを長引かせるためには、相手に目を合わせながらゆっくり引きつけ、パッと進行方向へ進もうとしたらすぐに体を切り返して逆方向——追いかけてきた野手がいる方向に走り出すこと。そうすると、野手に詰められていた距離がまた長くなる。

　ランダウンプレーになりやすいケースとして代表的なのは、走者一、三塁だろう。一塁走者が盗塁を仕掛けたり、あるいはわざと挟まれることで三塁走者の本塁生還を助けるプレーがあるためだ。挟まれるパターンとしては一塁走者が飛び出すケースや、盗塁を仕掛けて二塁の10㍍手前でスライディングをするケースなどがある。これらの場合、一塁走者はどうやってアウトになるかという部分にまでこだわる必要がある。たとえば普通

に盗塁を仕掛ける場合でも、スライディング時はセンター方向へ滑ること。それによってタッチが本塁からより遠くなり、三塁走者が本塁を狙いやすくなる。そして、挟まれた場合は一、二塁間の途中でフェイントを掛けながらライト方向へヘッドスライディングをし、できるだけ本塁から遠

く、そして野手ができるだけ本塁へ投げにくい形でタッチを呼び込む。ダイヤモンドの外側へ逃げ、さらに倒れ込んだ選手にタッチをするときはストップ動作も必要なので、野手にとっても体を切り返す時間が掛かるのだ。なお三塁走者は、一塁走者がフェイントからダイビングをしたところで

ランダウンプレーにおけるアウトのなり方

スタートする。

　余談だが、一、三塁の重盗ではこんなパターンもある。打者はバントの構えをして見送り、一塁走者が3ステップでディレードスチール。こうすると、二塁手はスクイズまたはセーフティースクイズに備えて一塁のベースカバーへ向かおうとする。重盗であれば通常、二塁手は二塁の手前に入って捕手からの送球をカットするかどうか判断するものだが、それがなくなるのだ。そして、一塁走者がタイミングを遅らせて走るので、捕手は二塁に入った遊撃手へ投げることになる。その瞬間に三塁走者がスタートを切り、本塁を狙う。

ライト方向へ
ヘッドスライディング

走塁まとめ

走塁の細かい部分にまでこだわる健大高崎だが、選手たちも決して、頭の中に常にすべてのことが入っているわけではない。ただ、練習のうちから経験しておけば引き出しとして頭のどこかには残り、該当するシーンになってポイントを言われたときに「あぁ、あのことか」とピンと来る。それだけでもプレーの理解度が変わり、成功率も高まっていく。

また、「健大高崎＝走塁」のイメージは強いが、決して試合に出ている９人全員が俊足とは限らないし、自由スチール（選手の判断で盗塁してもいいという権利）が認められている選手も全員ではない。ただ、盗塁ができなかったとしても細かい部分にはこだわっているし、バッテリーに対して重圧を掛ける方法はいくらでもある。それぞれが自分の走力と向き合い、どんな役割を果たせば相手が警戒心を抱くかを考える。だから、相手バッテリーは心理的に追い込まれ、いつの間にか「９人全員が何を仕掛けてくるか分からない」という感覚に陥るのだ。

そして忘れてはならないのは、やはり走塁だけで戦っているわけではないということ。いくら走塁が良くても、ある程度の打撃力がなければ機能はしない。たとえば、打撃力が低いと走者二塁では外野手に浅く守られてしまう。その場合はいくら本塁へ早く到達したとしても、おそらくアウト。また、内外野の中間フライでもしっかりハーフウェイを取ることができず、次塁を陥れるチャンスも減ってしまう。走塁を生かすためには「当たったら外野を越えてくるな」と思わせるだけの力をつけ、最低でも定位置に守らせなければならないのだ。さらに走者一塁にしても、「この打者には変化球が必要ない」と思われてしまったら、盗塁のチャンスは減ってしまう。外角ストレート中心なら捕手も送球しやすく、攻撃側が精神的な優位性を作ることは難しいだろう。だからこそ、しっかりと強いスイングができ、状況に応じて粘ることができる、打ち取りにくい打者になること。そういう打者が増えてくれば、走塁はより生きてくる。やはり、打撃とも連動しているものなのだ。

第5章
トレーニング1
体の使い方を養うトレーニング

野球に必要なトレーニングとは

野球以外のスポーツにもヒントはたくさんあるさまざまな体の使い方を体感して神経を養っていくことが大事

　"機動破壊"を成し遂げるためには、体を動かす能力も必要となる。もちろん足の速さがあるのに越したことはないのだが、走塁において大事な要素はそれだけではない。細かく言うと、一気に加速してトップギアに入れる力、プレーを見て瞬時に判断し反射的に動き出す力、動いていた方向からパッと体の向きを切り替える力、上体を捻りながらうまくバランスを取りタッチをかいくぐる力…。そうした動きというのはその場でパッと体現できるものではなく、慣れが不可欠。普段からいろいろな体の使い方を経験し、染み込ませておくことが必要だ。

　健大高崎では、普段からさまざまなバリエーションのトレーニングが行われている。トレーナーが独自に考案するそのメニュー数は無限。アプローチの仕方もさまざまで、バレエや体操、相撲など多くのスポーツからヒントを得ている。そもそも、どんなスポーツにおいても運動能力は大切で、その基礎には共通している部分も多々ある。「野球部だから野球のトレーニングをする」ではなく、「いろいろなスポーツのいろいろな動きを体感してみる」という発想。それが、結果的には野球の動きにも生きてくるのだ。

　そして、こうしたトレーニングを積むこ

棒を使ったトレーニングはバランス、体幹強化、股関節の柔軟性などさまざまな効果がある

とはケガの予防にもなる。最近の子どもたちの傾向としてはやはり足腰の弱さ、特に股関節やヒザ、足首などの柔軟性が足りていないことが目立つ。また、それに加えて腹筋、背筋、側筋などの体幹が十分に強化されていないケースも非常に多く、それもまたケガにつながってしまいやすい。たとえばバレエの基本に「プリエ」という技術がある。これをもとにしたトレーニングが132ページからの「バレエスクワット」だが、それぞれの足の形もさることながら、大事なのは手のポジションをしっかりキープすること。しかし、野球選手がこれを何度も続けていると、しだいに手の位置がズレ、バランスを崩して体がグラグラと動いてしまう。バレエでは10分、20分と同じ形で微動だにせず立っていなければならないことがあるが、野球でそういうプレーを求められることはない。それゆえ、実はバランスを長時間キープするための体幹が鍛えられていないのだ。相撲の力士は足を180度開くことが基本となるが、これもトレーニングの賜物。毎日ストレッチを行い、四股を踏み、すり足で力強く前に進んでいく。そうすることで股関節の柔軟性アップと下半身強化が実現できているのであり、これを採り入れることも間違いなくプラスになる。

ここから紹介するトレーニングはバランス感覚や体幹、下半身を鍛えていくものだ。第6章の棒体操やハードルメニューなどは道具を使用するが、決してこれを続けることばかりが重要なわけではないので、用意できない場合は近くにあるものを利用してそれに代わるトレーニングを考えればいい。また、トレーニングでは正しい形を意識し、バランス良くメニューを組み込むこと。ストレッチ効果のあるメニューと強化を意識したメニューを交互に行ったり、前に進んだら次は必ず後ろに進んだり。そうやって万遍なく体を動かし、神経を養っていくことが大切だ。

パートナーと協力してトレーニングの動きにアレンジを加えていくのも良い

バレエスクワット

1番ポジション

方法 バレエの1番ポジション（両足のカカトをつけて、つま先を外へ180度に開く）を取り、両手を広げて構える。ここから両手を下に回していきながら、ヒザを深く曲げてスクワットを行う。

ポイント 体を真っすぐキープすること。そのためには体幹や下半身の強さ、股関節や足首の柔軟性が求められる。

≫ 2番ポジション

方法 バレエの2番ポジション（両足を肩幅程度に開き、つま先をそれぞれ外側へ開いて180度にする）を取り、両手を広げて構える。ここから両手を下に回していきながら、ヒザを深く曲げてスクワットを行う。

ポイント 体を真っすぐにキープし、カカトを浮かせないようにすること。前後に上体を倒さず、お尻を真っすぐストンと落とす。太モモが床と水平になるのが理想。

→ バレエスクワット

3番ポジション

方法 バレエの3番ポジション（1番ポジションから足をややクロス。カカトの側部同士をくっつけて位置関係を前後にする。つま先は180度）を取り、両手を広げて構える。ここから両手を下に回していきながら、ヒザを深く曲げてスクワットを行う。

ポイント 体を真っすぐキープすること。1番ポジションよりも体が苦しくなるため、強さや柔軟性がより求められる。

≫ 5番ポジション

方法 バレエの5番ポジション（3番ポジションの状態から足をしっかりクロスさせ、両足を重ねる。つま先は180度）を取り、両手を広げて構える。ここから両手を下に回していきながら、ヒザを深く曲げてスクワットを行う。

ポイント 体を真っすぐキープ。3番ポジションよりもさらに深く足をクロスさせているため、バランスを取るのが難しい。やや後ろ足に重心を掛けると良い。

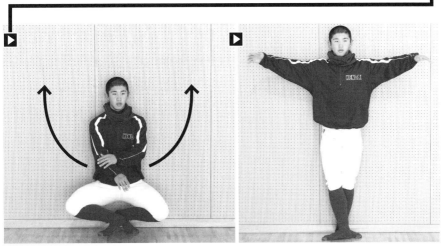

→ バレエスクワット

》 4番ポジション

方法 バレエの4番ポジション（5番ポジションの状態から前後に足を開いていく。つま先の向きは同じく180度）を取り、両手を広げて構える。ここから両手を下に回していきながら、ヒザを曲げてスクワットを行う。

ポイント 体を真っすぐにキープし、後ろ足のカカトが浮かないようにしながら前足に体重を掛けていく。顔もしっかり前を向け、頭を前後に倒すのではなく、体幹を使ってお尻を真っすぐストンと落としていくイメージ。

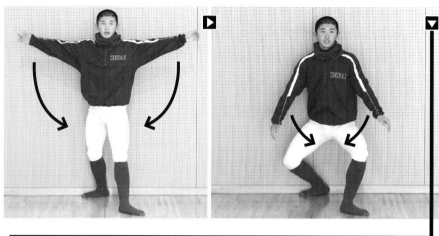

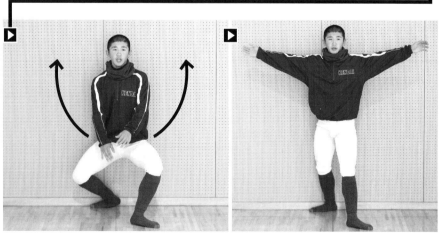

ストレッチ＆強化トレーニング

2点支持

方法 仰向けに寝転がり、両ヒジを地面につけて上体を起こす。そしてヒザを伸ばして両足を浮かせ、上下に動かす。

ポイント 下腹部を中心とした体幹と、バランス感覚を鍛える。頭は後ろへ反らし、目線は天井。また、つま先を伸ばすパターンとカカトを伸ばすパターンの両方を行うことで、足の前後の筋肉もバランス良く使う。

→ ストレッチ&強化トレーニング

》 デベロッペ

方法 両手で片足の土踏まずをつかみ、ヒザを伸ばしたまま足を上げていく。これを左右とも行う。写真のように手を交差させれば腕の距離が短くなり、ハムストリングスのストレッチ効果がより高まる。

ポイント 手で足を上げようとすると体が倒れてしまいやすい。そうかと言って、ヒザを曲げたら意味がない。意識するのは背筋。そうすることでバランスを取りやすくなる。

》ヒザ倒し

方法 体育座りの状態から両腕を肩の高さに上げ、両ヒザを左右に倒していく。倒したときはしっかり上体を捻っていく。

ポイント 腕を上げたまま行うことが大事。バランスをキープするのが難しく、転ばないようにすることで体幹が鍛えられる。それと同時に腰の可動範囲も広げられる。

→ ストレッチ&強化トレーニング

頸椎ストレッチ

方法
1. 座った状態から両手で頭を支え、首(頸椎)を伸ばす。
2. 両手で首を支え、左右に体を捻って倒していく。
3. 両ヒザを曲げたまま足を大きく開き、両手で頭を抑えて地面にヒジが着くように体を倒していく。

ポイント
1. 背筋を伸ばすことで首のストレッチ効果が高まる。
2. 右ヒジが左ヒザ、左ヒジが右ヒザを越えるように捻ることで、腹側筋が鍛えられる。
3. つま先が浮かないようにすると難易度が高くなる。上体を真下ではなくやや前方へ倒していくことで腰の筋肉が伸びていく。

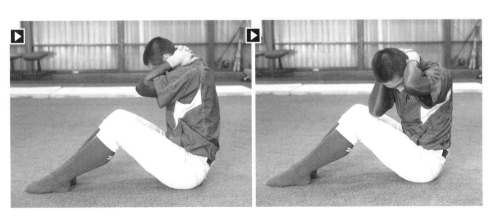

→ ストレッチ&強化トレーニング

》四つん這い

方法

1. 正座した状態から両手を前に出して体を倒していく。続いてヒザを立てて四つん這いになり、グッと背中を反っていく。
2. 四つん這いの状態から背中を丸めてグッとつり上げ、今度は逆に背中を思い切り反る。これを繰り返す。
3. 先ほどの状態に足の動きを付け加え、背中を丸めたときは片方のヒザを体の中に入れる。背中を反るときには足をグーッと後ろへ伸ばす。これを左右で行う。最後に背中を反ったら、足を伸ばしたままその場で10回ほど回す。

ポイント 腰まわりのストレッチ効果があり、腰痛への対策にもなる。2 3で背中を丸めるときは頭もしっかり体の内側へ入れ、背中を反るときは頭も反らせていくこと。足を回すのは股関節の可動域を広げるため。

→ ストレッチ&強化トレーニング

》体幹筋ストレッチ

方　法　両ヒザを地面につきながら体を前に倒し、一方の肩を地面にベッタリとくっつけて体を捻っていく。これを左右とも行う

ポイント　捻った状態から、浮いているほうの腕をさらに奥へ振っていくことで、体幹の強化と柔軟性が期待できる。柔らかければ、上の手が地面に届くようになる。

猫のポーズ

方法 両ヒザを立てたら、両手を前に伸ばして地面につけ上体を倒す。ここからさらに胸が地面につくようにスイングしていく。

ポイント しっかりと背中を反らせるための訓練。胸を地面につけることで、柔軟性も増すだけでなく腰痛への対策にもなる。

→ ストレッチ&強化トレーニング

》インディアン

方法
1. あぐらをかくように座り込んだら、両足の裏をくっつけて両手でつかみ、上体を倒して足の位置に頭をつけていく。その次は親指にアゴをつける。
2. その後、右手で右足のカカト、左手で左足のカカトをつかみ、片足ずつ斜めに浮かせながら伸ばしていく。最後は両手を同時に開いて両足を伸ばしていく。

| ポイント | 股関節の柔軟性を養っていく。足にアゴをつけるのは、背中も伸びるようにするため。足を開いていく際はバランスを取ることも不可欠。広背筋を使ってヘソをグッと前に出すと良い。

第5章 トレーニング1：体の使い方を養うトレーニング

→ ストレッチ&強化トレーニング

》上体倒し

方法
1. 地面にヒザをつけ、両手を前方へ真っすぐ伸ばす。そして、上体を真っすぐキープしたまま後ろへ倒していく。
2. 応用として、両手を体の横につけたまま上体を後ろへ倒していく。

ポイント 体幹を強く意識し、ヒザから上を真っすぐキープしてお尻が下がらないようにすること。両手を真横につけるとバランスが取りにくいため、難易度が上がる。

ハムストリングス伸脚

方法 両足を揃えた状態で固定し、しゃがみ込んだところからスタート。両手を両足の前に置いたまま地面から離さず、ヒザを真上に伸ばしていく。応用としては、そこからカカトを浮かせていく。

ポイント ヒザをしっかり伸ばしていくことでハムストリングスや腰の筋肉がしっかり伸び、柔軟性を生むことができる。

→ ストレッチ&強化トレーニング

🔄 開脚お尻上げ

方　法
1. 座って両足を外側へ目いっぱい開いたところから、手だけを使って起き上がっていく。足の位置は変えないこと。
2. 起き上がったらお尻を常に浮かせたまま、右手を右足の後ろに着き、左手を左足の後ろに着き、今度は右手を右足の前に着き、左手を左足の前に着き、という順番で手を回していく。

体幹とハムストリングスの強さが求められる。足を開けば開くほど手を回すのが楽になるので、股関節の柔らかさも促すことができる。

→ ストレッチ&強化トレーニング

》 腹上げ

方　法
1. 仰向けの状態から、ヒジから先をベッタリと地面につけて上体を起こす。そこから腰を浮かせていく。
2. 仰向けで両ヒザを曲げた状態から腰を浮かせ、頭をしっかり後ろへ反らして天井を見る。
3. 片方のヒザにもう一方の足のカカトを乗せ、腰を浮かせていく。応用として片足を上げたら、そこから斜め上へ足を伸ばしていくというのも良い。

ポイント
いずれも肩甲骨を動かすトレーニング。それに加えて、体を浮かせるときにはバランスを取らなければならないため、体幹の強さも必要になる。

» 仰向け腕立て

方法
1. 仰向けの状態で両手を広げて地面に着け、両足を伸ばして体を浮かせる。ここから腕の曲げ伸ばし動作を繰り返す。
2. 応用として、片足を上げた状態から腕立て伏せをする。

ポイント
体幹と肩甲骨まわりの筋肉を意識して、体は真っすぐの状態をキープ。ただお尻を下げるのではなく、全身を下げていくことが大事。

→ ストレッチ&強化トレーニング

》 アリゲーター体操

方法
1. 足を前後に開いて、後ろ足のヒザは地面に着けない。そして前足のカカトの内側に手を着け、体をスイングさせる。
2. この状態から上体を前に倒して両ヒジを地面に着け、体をスイングさせる。
3. 今度はさらに上体を倒していき、地面に胸をつけていく。その状態で体をスイングさせる。

正面から 1

横から

正面から 2

横から

ポイント 正面から見たときに、前足のヒザがしっかりと見えていること。体をスイングさせることで股関節が伸び、柔軟性を養うことができる。

➡ ストレッチ＆強化トレーニング

≫ アリゲーター歩行

方法 しゃがんだ状態からスタート。まず片足を前に伸ばして前後に開いたら、その足の股関節に体重を移動させながら上体を持っていく。そして両ヒジを地面に着け、アリゲーター体操の姿勢を作る。その後は逆の足を同じように前へ移動させる。これで10㍍進んでいく。

ポイント 前に持っていった足のカカトやつま先が浮かないようにし、しっかりと股関節を動かしていくこと。また上体が浮かないようにするため、両ヒジを地面に着けたときにはしっかりと形を意識することが大事。

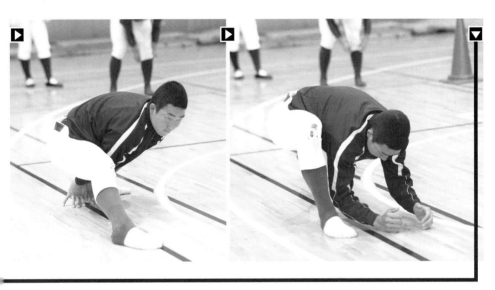

第5章 トレーニング1：体の使い方を養うトレーニング

→ ストレッチ&強化トレーニング

》スネイク

方法 仰向けに寝転がった状態からスタート。一方の腰を浮かせたら、体の上のほうへ回しながら地面に着ける。この動作を繰り返しながら、頭のある方向へ10㍍進んでいく。終わったら、今度は逆方向（足の方向）にも進む。

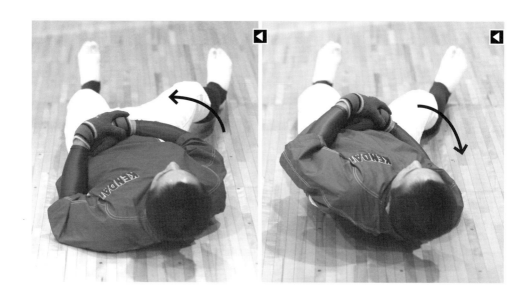

ポイント 大事なのは骨盤、特に腸骨の先を意識してしっかり回すこと。これによって股関節を動かす感覚を養い、同時に体の連動も染み付いていく。肩を回した反動で進んでしまうのは、あまり意味がない。

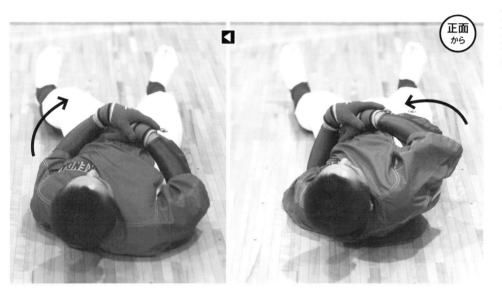

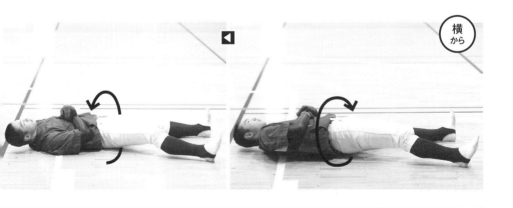

→ ストレッチ&強化トレーニング

》しゃくとり虫

方法 うつ伏せの状態からスタート。両手を腰の後ろで組み、お尻を上げる動作と全身を反らす動作を交互に行い、その反動で前に10メートル進んでいく。

| ポイント | 反動を使うといっても、ただ強い動きをするだけでは前に進まない。体幹とバランス感覚を使って、うまく体を連動させていくことが重要。

→ マット体操

≫ 開脚前転・開脚後転

方　法

1. マットの上で前転をし、両足を大きく開いた形で立ち上がる。
2. マットの上で後転をし、両足を大きく開いた状態で立ち上がる。応用として、ヒザを曲げずに足を伸ばしたまま行う「伸膝前転」「伸膝後転」もある。

| ポイント | 全身の柔軟性とバランス感覚が求められる。また、回転することで普段使わない三半規管も鍛えられる。 |

→ マット体操

》正座跳び

方法
1. 正座をした状態から左右交互に飛び跳ねる。続いては跳びながら前に進み、跳びながら後ろに戻る。そして、正座からジャンプして体を180度回転。これは右回り、左回りともに行う。
2. 正座からジャンプしてしゃがんだ状態になり、そこからまたジャンプして正座に戻る。これを繰り返し、最後に正座からパッと立ち上がる。

| ポイント | 力の入れどころとバランス感覚が難しく、体幹だけでなく全身を連動させる力も鍛えられる。 |

→ マット体操

⨠ 手打ち跳び

方法 腕立て伏せの状態を作り、そこからジャンプ。手足を同時に浮かせた瞬間に、両手を体の前でパチンとたたく。

ポイント お尻の位置を高くするのではなく、あくまでも全身は真っすぐの状態をキープ。バランス感覚と体幹の強さが必要。

≫ ヒザ歩き

方法 両ヒザを地面に着けたら、そのまま両足をお尻の位置まで持っていき手で足をつかむ。この状態で1歩ずつ前へ進んでいく。終わったら、今度は後ろへ進んでいく。

ポイント ヒザだけで立つためには体幹の強さが必要。バランス能力も養われる。

→ マット体操

≫ 大回転

方法 マットの横の部分で、腕立て伏せの状態を作る。そして体を地面につけることなく、手足だけで回転させていく。

ポイント お尻の位置が上がったり下がったりしがちだが、体を真っすぐにキープすること。片手と片足が地面から離れたときのバランスが大事。腹筋、背筋、側筋と体幹が万遍なく鍛えられる。

≫ バレーボール回転

方法 バレーボールを2つ用意し、両手で1つ、両足でもう1つを挟み込む。この状態で寝転がり、マットの上をゴロゴロと回転していく。

ポイント 両手と両足は常に浮かせておくこと。そして、回転する際にはボールを落とさないようにする。それにより、体幹が全体的に鍛えられていく。また、マットから外れずに真っすぐ回転することも重要だ。

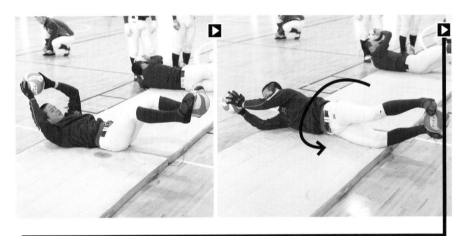

３つのボールを持って ダッシュすることで 体幹を鍛える

　良い走り方を覚える練習としては、３つのボールを持って走るのも効果的だ。両手で１コずつボールを持って、その間にもう一つのボールを挟む。そうすることでバランスが取りにくくなるのだが、体の軸がブレないように走っていれば、上体を捻っても真ん中のボールは落ちない。もちろん「落とさないように」と考えることは大事だが、それを意識しすぎてスピードが遅かったら意味がないので、基本的にはダッシュ形式で行うのがオススメだろう。チームメートと競争し、途中でボールが落ちたら「もう１本」。当然、これによって体幹も鍛えられる。

第6章
トレーニング2
道具を利用したトレーニング

→ 棒体操

≫ バランス

方法 両手で棒を持ち、両足を揃えて立つ。そして真っすぐ立った状態を保ちながら両手を真上に伸ばし、そこから棒をできるだけ後方へ持っていく。応用としては、この姿勢からカカトを上げてバランスを取る。

ポイント 目的は肩の可動範囲を広げることなので、お腹やお尻を出したりしないこと。体を振らずに両手だけを後方へ持っていくことが大事。カカトを上げることで下腹部あたりの筋肉も鍛えることができる。なお、棒を狭い幅で握るのは難易度が高い。最初は広めにして行うのが良い。

正面から

横から

》4番スクワット

方法 足はバレエの4番ポジション（136ページ参照）を取り、両手で棒を持って真上に伸ばす。この状態からスクワットを行いながら上体をスイング。後ろ足は伸ばして前足を曲げ、両手はできるだけ後方へ持っていく。

ポイント スイングする際は棒を後ろ、お腹を前に出していくこと。手だけを動かそうとしてヒジを曲げたり、体がブレてしまうと意味がない。

正面から

横から

→ 棒体操

》股割り振り下ろし（1番スクワット）

方　法

バレエの1番ポジション（132ページ参照）を取り、スクワットをしながら両手で持った棒をしっかり振り下ろしていく。剣道をイメージすると分かりやすい。

ポイント

両足のカカトをつけて行うこと。
下半身と手首を鍛えることができる。振り下ろす際に両手をグッと絞っていくことで、バッティングにもつながってくる。

》股割り振り下ろし（2番スクワット）

方法　バレエの2番ポジション（133ページ参照）を取り、スクワットをしながら両手で持った棒をしっかり振り下ろしていく。剣道をイメージすると分かりやすい。

ポイント　カカトは浮かさずに行う。大腿四頭筋を中心とした下半身、さらに手首を鍛えることができる。振り下ろす際は両手をグッと絞っていくこと。この動きはバッティングにもつながってくる。

→ 棒体操

⟫ 棒回し

方法 両手で棒を持って前に伸ばす。ここから片手で手首を使って棒を上に回していき、今度はもう一方の手で握り直してさらに棒を回していく。右回り、左回りをともに行う。

| ポイント | 動作をしっかり確認しながら手首をゆっくり捻っていくことで、柔軟性アップと強化が期待できる。また意識としては体を振るのではなく、手だけを動かすこと。体幹のバランスも重要になる。 |

→ 棒体操

≫ 棒倒し

方法 両手で棒を持ち、両足を揃えて真っすぐ立つ。ここから、まずは地面と平行になるように正面へ棒を倒して戻す。続いて右に倒して戻す。次はまた正面に倒して戻し、さらに左に倒して戻す。これを繰り返す。

ポイント 手首の強化と同時に、バランスを取ることで体幹も鍛えることができる。体はブレないように意識すること。

→ 棒体操

足抜き

方法　両手で棒を持って立ったら、片足ずつ棒をまたいでいき、続いて後ろに移動した棒をまたいでいく。これを何度も繰り返す。

ポイント　最初は棒を低く構えたところからスタート。慣れてくると足が上がり、高い位置からスタートできるようになる。股関節の可動範囲を広げるのが目的だ。

≫ 縄跳び

方法 両手で棒を持って立つ。ここから片足ずつ棒をまたぎ、背中側を回してまた元の位置に棒を戻していく。慣れてきたら、両足で棒をジャンプしていくのも良い。

ポイント ヒジを曲げずに行うことが大切。背中側から棒を回すことで肩甲骨、さらにモモ上げをすることで股関節の可動範囲が広がる。

→ 棒体操

≫ デベロッペ

方法 138ページの応用。両手で棒を持って座り、片足の土踏まずの位置に当てる。ここから上体を前に倒してヒザを伸ばし、さらに足を上げて頭をヒザのあたりへ。その後、ヒザを曲げてまた元の位置へ戻す。これを左右それぞれ順回り、逆回りとも行う。

正面から

横から

ポイント ヒザを曲げたら意味がないので、しっかり伸ばすこと。背筋を意識することでバランスが取れ、ハムストリングスが伸びていく。

➡ 棒体操

》 バトマン上下

方法 まずは棒を持ち、足を伸ばして座り込む。ここからヒザを伸ばしたまま棒の位置まで片足を上げる。これを交互に行い、最後は両足を上げて、さらに角度を上げていく。

| ポイント | 腹筋だけを鍛えているようにも見えるが、それだけだと両足を上げたときに体が後ろへ倒れてしまう。全身のバランスが大事になる。 |

第6章 トレーニング2∵道具を利用したトレーニング

→ 棒体操

》 バトマン左右

方法 両肩に棒を担いで、足を真っすぐ伸ばして座る。ここから片足ずつ浮かせ、ヒザを伸ばしたまま左右へ開いて戻す。左右へ1回ずつやったら、今度は両足を同時に浮かせて真横に開いていく。

ポイント ヒザを曲げずに行うことで、体幹まわりの強化を促すことができる。両足を浮かせる場合はバランス感覚も重要。

→ 棒体操

⟫ 座りかかし

方法 両肩に棒を担いで、足を伸ばして地面に座る。ここから体を左右に捻っていき、棒の片方が地面に着くようにする。応用としては立ち上がり、上体だけを前に倒して行うのも良い。

ポイント 体をしっかり捻ることで腹側筋を鍛えることができる。棒を捻ったところではしっかり止めてひと呼吸置くこと。

立ちかかし

方法 両足を肩幅くらいに広げて立ち、両肩に棒を担ぐ。ここから真横に体を倒していき、足の横に棒が着くようにする。

ポイント 体を倒したときに、真横から見て体が一直線になっていることが大切。側筋のストレッチになり、可動範囲を広げることが目的。

→ 棒体操

⟫ 座り足抜き

方法 両手で棒を持ち、座って足を伸ばす。そして両手を前に伸ばしたら、片足ずつ交互に足抜きを行っていく。最後に両足でも行う。

ポイント 意外とバランスを取るのが難しい種目。大腿四頭筋やハムストリングスといった足の筋肉だけでなく、体幹も意識することが大切。

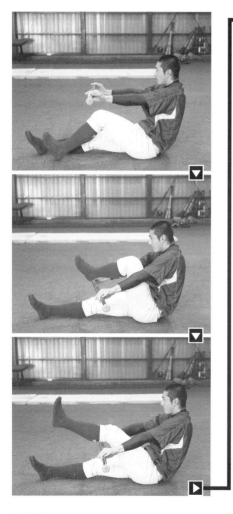

≫ せり出し

方法

両手に棒を持ち、両足を広げて立つ。ここから上体だけを90度に倒し、両手を前に伸ばしていく。そして上体の角度をしっかりキープしたまま、両手を真上へ持っていく。

ポイント

両手を上げるときは上体の角度を変えずに肩関節だけを動かしていく。また、顔は前へ向けること。大殿筋からハムストリングス、アキレス腱までが伸びていく。

棒体操

》 つま先立ちスクワット

方 法 体の前で棒の先を地面に着けて立てる。そして両手で棒を持ち、体を支えながら両足のつま先を立てる。この状態からヒザを曲げていき、スクワットを行う。

ポイント 足首やスネ、さらに太ももなど下半身の強化につながる。上体は真っすぐキープし、太ももが地面と平行になるまで曲げるのが理想。バランス感覚も重要になる。

ハードルメニュー

くぐり抜け

方法

ハードルを何台か用意し、間隔を空けて直線上に並べる。そしてダッシュを行い、ハードルの位置まで来たらその下をくぐり抜ける。

ポイント

ダッシュからのストップ動作、そしてハードルをくぐってからまたダッシュをすることで、全身のバランスとダッシュの加速力を鍛えることができる。

→ ハードルメニュー

》8の字くぐり抜け

方法 ハードルを1台用意し、その位置まではダッシュで向かっていく。そしてハードルを一度くぐり抜けたら、さらに外側から右回り、左回り（逆でも可）と「8の字」にくぐり抜けてダッシュする。

ポイント ダッシュからのストップ、そして再加速を鍛えられる。また「8の字」にくぐり抜けることで体の使い方も難しく、バランス感覚を養える。

→ ハードルメニュー

ジャンプ&くぐり抜け

方　法　ハードルを何台か用意し、間隔を空けて直線上に並べる。そしてダッシュを行い、ハードルの位置まで来たらまずはジャンプ。そこからダッシュに切り替え、次のハードルではくぐり抜ける。

ポイント　ダッシュからのストップ、そして再加速を鍛えられる。ジャンプ動作とくぐり抜け動作を交互に行うことで、体が上下にブレやすくなるので、バランス感覚がより重要になる。

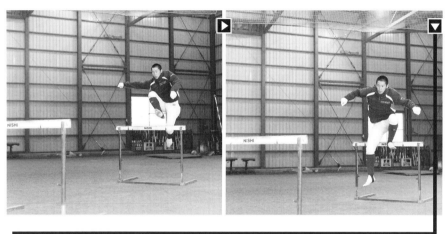

≫ 自転車漕ぎ

方法 ハードルを2台用意し、両手でしっかりつかめる幅に合わせて平行に並べる。両手でハードルをつかんだら体を浮かせ、自転車をこぐ要領で両足をグルグルと回していく。

ポイント 上体を真っすぐキープして、下半身だけを動かせるようにすること。体を浮かせているため、全身の筋肉を使ってバランスを取らなければならない。さらに、足を素早く回すことで股関節の可動範囲も広がっていく。

横から

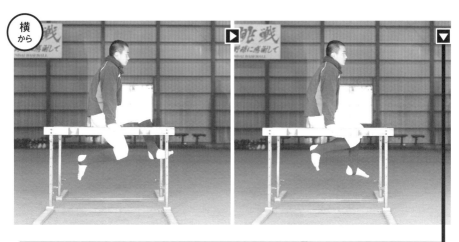

→ ハードルメニュー

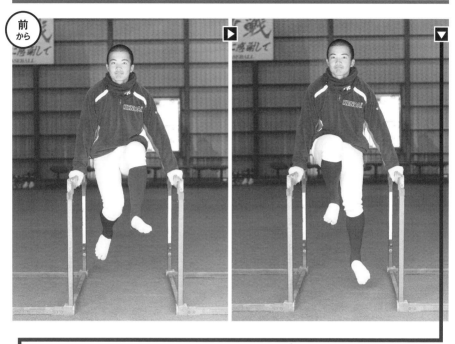

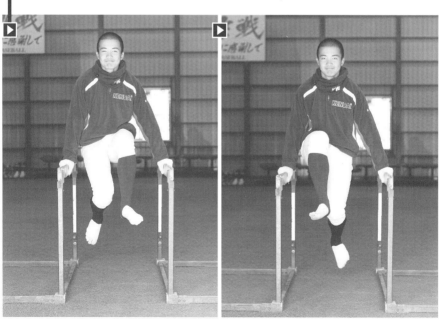

➡ 一列に並んで行うトレーニング

≫ 両足跳び

| 方法 | 棒を一列に並べ、踏まないように両足で左右に跳びながら前へ進んでいく。一定の距離を進んだら、今度は後ろへ戻っていく。 |

| ポイント | 両足で同時に跳ぶことで全身のバランスとリズム感、跳力を鍛える。 |

→ 一列に並んで行うトレーニング

≫ 片足跳び

方法 棒を一列に並べ、踏まないように片足で左右にジャンプしながら前へ進んでいく。一定の距離を進んだら、今度は後ろへ戻っていく。これを左右とも行う。

ポイント 片足を上げる際は右足なら右手、左足なら左手で持つこと。こうすることでバランスが取りにくくなり、全身をうまく使うことにつながる。クロスさせるのは難易度が低い。

》 両足打ち

方　法　棒を一列に並べ、体の中心に来るようにする。ここから棒を踏まないようにジャンプしながら前へ進み、着地のときは足を開く。ジャンプのときには足を打っていくこと。後ろへ戻るパターンも行う。

ポイント　足を打つ動作によって、全身のバランスとリズム感がより求められる。

第6章　トレーニング2：道具を利用したトレーニング

→ 一列に並んで行うトレーニング

》 カカト打ち

方法 棒を一列に並べ、左右にジャンプしながら前へ進んでいく。ジャンプの瞬間はまず足を開き、そこからカカト同士を打って着地。後ろへ進むパターンも行う。

ポイント カカトを打つ際は前足を後ろへ、後ろ足を前へ出して、お互いに引き戻す動作が大事。下半身の細かい筋肉にも刺激を与えられる。

》 半回転ジャンプ（180度）

方法 棒を一列に並べ、体の中心に来るようにまたぐ。ここからジャンプしながら180度回転し、交互に向きを変えながら前へ進んでいく。最初が右回りなら、次は左回り。また逆のパターンも行う。一定の距離を進んだら、今度は後ろへ進む。

ポイント 体の向きを変えることにより、バランス感覚が問われる。棒を踏まないように注意。

➡ 一列に並んで行うトレーニング

》 回転ジャンプ（360度）

方法 棒を一列に並べ、体の中心に来るようにまたぐ。ここからジャンプしながら360度回転して前へ進んでいく。最初が右回りなら、次は左回り。一定の距離を進んだら、今度は後ろへ進む。

ポイント 360度の回転はバランスを取るのが非常に難しい。跳ぶこと、回ること、足を開くこと、前に進むことを同時に行うことが大切。

》 クロスステップ

方法 棒を一列に並べ、体の中心に来るようにする。ここから足をクロスさせながら左右に着地し、前へ進んでいく。最初は歩くだけだが、次はランニング、さらにダッシュ（写真）でも行う。また、すべて後ろへ進むパターンも行う。

ポイント 太モモをしっかり上げること。右足を左側、左足を右側へクロスさせることで体を捻っているので、これもバランスのキープが難しい。体幹の強さも重要になる。

➜ 一列に並んで行うトレーニング

》 すり足

方法 ヒザを曲げて股割りの姿勢を作ったら、相撲のすり足の動作で1歩ずつ前に進んでいく。後ろへ進むパターンも行う。

ポイント 体勢を低くキープすることで足腰が鍛えられ、柔軟性も養える。

≫ 3人アヒル歩き

方法 3人1組で縦一列に並んでしゃがみ、前の人の肩をつかむ。そして3人で足を揃えながら1歩ずつ前へ進んでいく。後ろへ進むパターンも行う。

ポイント 足腰の筋肉と全身のバランスが強化される。応用として、慣れてきたらダッシュをするのも良い。

➔ 一列に並んで行うトレーニング

≫ そんきょ跳び立ち

方法 しゃがんだ状態からスタートし、ジャンプして足を開いた状態で着地。このとき、地面につけるのはカカトだけで、つま先は浮かせる。これで前へ進んでいき、続いて後ろへも進む。応用としてそんきょと股割りを交互に行うのも良い。

ポイント カカトを伸ばしてつま先を浮かせることで、アキレス腱の強化になる。また、バランス感覚も養える。

足裏打ち

方法 ジャンプしたときにお互いの足の裏を打っていき、その後は片足を斜め前に出しながら浮かせて、もう一方の足だけで着地。これで前に進んでいき、続いて後ろへも進んでいく。

ポイント 片足着地なのでバランスが取りにくい。また、足の裏を打つためにはより強い跳力が求められる。

➡ 一列に並んで行うトレーニング

》 足裏股割り

方法 ジャンプしたときに足の裏同士を打っていき、着地は両足。ここではしっかりと足を開いてヒザを曲げ、腰を落として股割りの姿勢を取る。これで前に進んでいき、続いて後ろへも進んでいく。

ポイント 「カエル跳び」という別名もあり、スクワットの効果が高い。股関節の柔軟性も養われる。

≫ アヒル半回転

方法 しゃがんだ状態からジャンプして180度回転し、体の向きを変える。これを交互に行いながら前へ進んでいき、続いて後ろへも進んでいく。

ポイント 体を半回転させながら進んでいくのはバランスを取りにくい。跳力と全身の連動が大事。

➡ 一列に並んで行うトレーニング

⟫ 手押し車

方法

2人1組になってトレーニング者は両手を着き、両足を浮かせてパートナーに支えてもらう。この状態で前に進み、続いて後ろへも進む。

ポイント

腕の筋肉はもちろん、体が地面に着かないようにすることでバランス力も鍛えられる。

》 リヤカー

方 法

手押し車と同じ形だが、パートナーが背中を向けながらトレーニング者の両足を持つ。この状態で前に進み、続いて後ろへも進む。

ポイント

パートナーがトレーニング者の動きを見ることができないため、ペースを合わせるのが難しくなる。これによってバランスを整える難易度が上がり、トレーニング効果がより高まる。

→ 一列に並んで行うトレーニング

≫ 補助付きブリッジ

方法 2人1組になり、ブリッジをしたらパートナーにベルトをつかんでもらう。そしてそのまま前へ歩いていき、慣れてきたら途中でベルトを離してもらって一人で歩く。続いて、後ろへも進んでいく。

ポイント ブリッジをしながら歩くためには両手と両足をうまく使わなければならず、全身のバランスが大事。体幹や手足の筋肉などがまんべんなく鍛えられる。

≫ 補助付きケンケン

方　法

2人1組になり、片足を真横に高く上げたらパートナーに持ってもらう。そして、片足ケンケンで前に進んでいき、続いて後ろへも進んでいく。また、真横ではなく正面に足を上げるパターンも行う。

ポイント

片足を上げることでバランスを取るのが難しくなる。関節がやわらかければ、写真のように肩の位置まで担いでもらうことで股関節の柔軟性と跳力もより鍛えられる。

➡ 一列に並んで行うトレーニング

⟫ 四股(しこ)

方法 相撲の四股をゆっくり行う。1から9までカウントを取って片足を上げた状態でキープ。カウント10で足を下ろしていったらそのまま股割りの形を取り、低い姿勢を保つ。さらに両手を前に着けて上体を乗せていき、相撲の立ち合いをイメージする。

ポイント 姿勢をていねいに作っていくことで体にもより負荷が掛かり、全身を鍛えることができる。また、股割りで関節の柔らかさも生まれる。立ち合いの形では手を前に出し、しっかりと背中を反っていくこと。

》低姿勢ダッシュで走る姿勢を作っていく

野球の走塁においては、ある程度低い体勢のまま地面を強く蹴って走らなければならないことが多い。走る姿勢を作るためのトレーニングとして、健大高崎では「低姿勢ダッシュ」を行っている。準備としてはそれぞれが2人1組になって向かい合い、両足を大きく開いてお互いの肩をつなぐように2本の棒を担ぐ。この状態で縦に列を作って並んだら、トレー

ニング者がダッシュしながらその棒をくぐり抜けていくのだ。棒を担いでいる側も足をより広げることで、股関節のストレッチになる。そうなると棒の位置も低くなるので、トレーニング者はさらに体勢を低くしなければならない。バランスを崩して転んでしまうことも少なくないので、体育館などで行うのがオススメだ。

第6章 トレーニング2：道具を利用したトレーニング

トレーニングまとめ

バレエをもとにした動きや棒体操などさまざまなトレーニングを行うことにより、健大高崎の選手たちは確実に成長を遂げている。もちろん筋力や柔軟性、バランス感覚が向上しているのだが、それと同時に気持ちの上でも自信がつくのだ。

トレーニングのパターンは他にもいろいろあり、たとえばこんな練習。右利きの場合、まずは右手でグー、チョキ、パーと順番に動かしていく。これを続けながら、左手では「右手に勝て」と指示が出る。つまり、右手の動きに合わせてパー、グー、チョキという順番で手を動かしていく。ここから、ふとしたタイミングで「負けるほう！」という指示が出たら、今度は左手が負けるようにしてチョキ、パー、グー。とっさに言われると混乱するものだが、こうした練習を積み重ねて脳の回路をパッと切り替えられるようにしている。

こうしたトレーニングは野球における判断力にもつながっていく。盗塁をするべきか、偽走だけで戻るべきか、動かずに様子を見るべきか。そういう判断を瞬時に下す習慣ができていることもまた、健大高崎が"機動破壊"を実現できる要因でもある。

いずれにしても、それぞれのトレーニングで大事にしてもらいたいのは、正しい姿勢で行ってその形を体に覚え込ませることだ。トレーニングと聞くと、とにかくパワーやスピードをつければいいようにも感じるが、強さの中に美しさがあることも重要。野球の試合中に「今からこうやって動こう」などと形を意識して動くことはできないからこそ、普段から正しい形を染み込ませておく。その積み重ねにより、いざという瞬間に良いプレーが生まれたりするものだ。さらに、音楽に合わせてトレーニングを行うこともオススメ。野球も相手のリズムに合わせなければならないスポーツなので、音楽に合わせて体を動かすという習慣は大いに生きる。

おわりに

　ここまで走塁の技術的なポイントとそれに生きるトレーニングについて紹介してきましたが、もちろんこれらを身につければ絶対にうまくいくというわけではありません。警戒されれば裏をかかれることもあるでしょうし、まったく通用しない場合だってある。ただ、野球というのは時代を経て進化していくものだと思っています。

　たとえば作戦面にしても、今やっていることが5年後はできなくなるかもしれないし、逆にやっていなかったことが成功するかもしれません。昔の高校野球ではスクイズが定番でしたが、「確率が高い」ということでしだいにセーフティーバントが主流になってきた。しかし、それも今は多くのチームが対応策を考えるようになっているので、逆に普通のスクイズのほうが成功したりするんです。私たちの走塁についても同じで、相手が研究してきたとしても「じゃあ、それを上回っていこう」、「さらに裏をかいていこう」と思えばいいだけの話。相乗効果でお互いに野球のレベルが上がって

いくと思いますし、すごく良いことだと思います。

　あと最後に言いたいのはやはり、指導者にはぜひ選手たちの背中を押してほしいということです。走塁ミスというのは試合の中で非常に目立ちますが、そこでいかにチームが悪い雰囲気にならないようにするか。そもそも高い成功率を得るためには多少の犠牲を払うものですし、リスクを承知で割り切って走っているからこそ、強い決断力やスタートのスピードが生まれる。「アウトになった」という結果について怒られると選手は精神的に追い込まれ、決断力もスピードも鈍くなります。ですから、選手たちのチャレンジを見守り、「失敗したらサインを出した俺が悪いんだから、思い切って走っていいんだ」と指導者が責任を取る。そして、チャレンジが成功したときの感激を選手たちにとっていかに忘れられないものにするか。それが上達するために大事なことだと思いますね。

プロフィール＆写真

監督
青柳博文 あおやぎ・ひろふみ

1972年6月1日生まれ。群馬県出身。現役時代は内野手。前橋商業高校では3年春に甲子園出場。東北福祉大学を卒業後は一般就職をし、クラブチームや軟式野球部などでプレー。2002年4月より、前年に共学化した高崎健康福祉大学高崎高校へ赴任して野球部創部と同時に監督を務める。11年夏に甲子園初出場へ導くと、12年春にセンバツ4強、14年夏から15年夏までは3季連続出場を果たし、8強、8強、16強といずれも上位に進出している。社会科・福祉科教諭。

コーチ（走塁担当）
葛原 毅 くずはら・つよし

1982年8月14日生まれ。三重県出身。現役時代は投手兼一塁手。四日市工業高校では主将として2年秋に県大会、東海大会を制し、明治神宮大会でも優勝。3年春には甲子園出場を果たす。国士舘大学では4年時に学生コーチ、卒業後も同野球部コーチを2年務め、2007年4月より高崎健康福祉大学高崎高校へ赴任して野球部コーチ。情報科教諭。

外部コーチ（トレーニング担当）
竹部 菫 たけべ・ただし

学生時代からバレエや社交ダンスなどを専門的に学び、俳優・ダンサーとして映画や舞台に出演。振付師としても活躍し。テレビ業界振付師の第一人者として多くの舞台や番組、CMなどを手掛けた。健大高崎ではトレーニング指導に携わり、選手たちの柔軟・ストレッチ・調整力アップを促進している。竹部モダンバレエ研究所代表。

外部コーチ（トレーナー）
塚原謙太郎 <small>つかはら・けんたろう</small>

1974年5月4日生まれ。東北福祉大学では全日本大学野球日本選手権4強、明治神宮大会準優勝。日本生命保険相互会社では都市対抗野球大会優勝。障害予防トレーニング・フィジカルトレーニングを専門として高校野球を中心に活動中。資格／全米ストレングス＆コンディショニングスペシャリストNSCA-CSCSほか。

撮影協力（走塁）の選手たち

撮影協力（トレーニング）の選手たち

健大高崎式
驚異の走塁術&トレーニング

2016年4月15日　第1版第1刷発行
2021年4月10日　第1版第9刷発行

著　　者／青柳博文、葛原　毅

発　行　人／池田哲雄
発　行　所／株式会社ベースボール・マガジン社
　　　　　　〒103-8482
　　　　　　東京都中央区日本橋浜町 2-61-9　TIE 浜町ビル
　　　　　　電話　　　03-5643-3930（販売部）
　　　　　　　　　　　03-5643-3885（出版部）
　　　　　　振替口座　00180-6-46620
　　　　　　http://www.bbm-japan.com/
印刷・製本／共同印刷株式会社

©Hirofumi Aoyagi, Tsuyoshi Kuzuhara　2016
Printed in Japan
ISBN978-4-583-10997-8 C2075

＊定価はカバーに表示してあります。
＊本書の文章、写真、図版の無断転載を禁じます。
＊本書を無断で複製する行為（コピー、スキャン、デジタルデータ化など）は、私的使用のための複製
　など著作権法上の限られた例外を除き、禁じられています。業務上使用する目的で上記行為を行うこ
　とは、使用範囲が内部に限られる場合であっても私的使用には該当せず、違法です。また、私的使用
　に該当する場合であっても、代行業者等の第三者に依頼して上記行為を行うことは違法となります。
＊落丁・乱丁が万一ございましたら、お取り替えいたします。